"十三五"国家重点出版物出版规划项目

新时代学生发展核心素养文库（初中卷）

性情与理法

郭　建　编著

华东师范大学出版社

·上海·

图书在版编目(CIP)数据

性情与理法/郭建编著. —上海:华东师范大学出版社,
2018
(新时代学生发展核心素养文库.初中卷)
ISBN 978 - 7 - 5675 - 8254 - 5

Ⅰ.①性… Ⅱ.①郭… Ⅲ.①法制教育-中国-青少年
读物 Ⅳ.①D920.5

中国版本图书馆 CIP 数据核字(2018)第 204592 号

新时代学生发展核心素养文库(初中卷)
性情与理法

总 主 编	夏德元
编 著	郭 建
策划编辑	王 焰
责任编辑	舒 刊
特约审读	朱莎莎
责任校对	胡 静
装帧设计	高 山

出版发行 华东师范大学出版社
社 址 上海市中山北路 3663 号 邮编 200062
网 址 www.ecnupress.com.cn
电 话 021 - 60821666 行政传真 021 - 62572105
客服电话 021 - 62865537 门市(邮购)电话 021 - 62869887
地 址 上海市中山北路 3663 号华东师范大学校内先锋路口
网 店 http://hdsdcbs.tmall.com

印 刷 者 启东市人民印刷有限公司
开 本 700×1000 16 开
印 张 7.5
字 数 90 千字
版 次 2020 年 12 月第 1 版
印 次 2020 年 12 月第 1 次
书 号 ISBN 978 - 7 - 5675 - 8254 - 5
定 价 28.00 元

出 版 人 王 焰

总序

核心素养（Key Competencies）概念最早见于世界经济合作与发展组织（OECD）在 1997 年 12 月启动的"素养的界定与遴选：理论和概念基础"项目。经过多年深入研究后，OECD 于 2003 年出版了报告《核心素养促进成功的生活和健全的社会》，正式采用"核心素养"一词，并构建了一个涉及人与工具、人与自己和人与社会三个方面的核心素养框架。具体包括使用工具互动、在异质群体中工作和自主行动共三类九种核心素养指标条目。

中国学生发展核心素养于 2013 年 5 月由教育部党组委托北京师范大学牵头开展研究。2014 年 4 月，在教育部印发的《关于全面深化课程改革落实立德树人根本任务的意见》中，确定了"核心素养"的重要地位。其后，在教育部的指导下，成立了由上百位专家组成的课题组。在深入研究和征集社会各界意见的基础上，2016 年 9 月，专家组正式发布了中国学生发展核心素养的框架和内涵。

按照这个框架，核心素养主要指"学生应具备的，能够适应终身发展和社会发展需要的必备品格和关键能力"。中国学生发展核心素养，以科学性、时代性和民族性为基本原则，既考虑了中国社会各界的期待和要求，同时也借鉴了世界各国关于核心素养的研究成果，以培养全面发展的人为核心，分为文化基础、自主发展、社会参与三个方面。综合表现为人文底蕴、科学精神、学会学习、健康生活、责任担当、实践创新六大素养，具体细化为国家认同等十八个基本要点。

2019 年 2 月，国务院印发的《中国教育现代化 2035》中指出："完善教育质量标准体系，制定覆盖全学段、体现世界先进水平、符合不同层次类型教育特点的教育质量标准，明确学生发展核心素养要求。"这说明学生发展核心素养的培养，已经进入国家决策层的视野，成为中国未来人才培养质量整体提高的必然要求。

近年来,围绕中国学生发展核心素养的内涵、外延、培养目标、培养途径等宏观问题,以教育界为代表的各界有识之士展开了广泛而深入的研究,发表了一系列颇有新意的理论成果,并在实践层面做出了可贵的探索。但是,不容忽视的现实是,系统阐释核心素养各个基本要点的基本思想、具体内容、培养途径的著作罕有问世;而能结合培养对象的年龄特点、心理特征、知识背景、社会阅历和培养目标等诸要素,可供家长、教师和学生共同阅读、参照实施的深入浅出的普及读物更是付之阙如。为此,我们特策划组织对学生发展核心素养各个基本要点素有研究、思考和实践经验的高等院校、教育科研机构和中小学优秀教师,共同编写了这套丛书。

本丛书围绕核心素养课题组提出的三个方面六大核心素养诸基本要点,分小学、初中和高中三个阶段,每个阶段针对学生年龄特点,分别按照不同要点设计选题,首批推出三十余种图书。

关于丛书体例,策划者并未做划一的规定;但为体现这套书的总体定位,我们把丛书的撰写要求提炼为四个关键词:

一、发展。以有利于学生人格健全和全面发展为宗旨,不局限于知识的传输,而是着眼于学生的终身发展,把知识积累和能力成长、社会参与、人生幸福结合起来。

二、跨界。跨越学科界限,面向学生、家长、教育工作者等多类读者,尽量就一个方面的问题从多角度展开叙述,使内容更加丰满。

三、启蒙。针对中国教育中存在的现实问题和困惑进行启蒙式的讨论,启发学生、家长、教育工作者反思,解决学生、家长、教育工作者在现实中遇到的困惑,引导学生、家长共同成长、进步。

四、对话。体现对话精神,作者与读者通过文字媒介进行平等对话交流。写作时心里装着读者,让读者阅读时能够感到是和作者在对话,让读者感受到作者的体温和呼吸。为体现这种精神,可以设置问答环节,可以采用对话体,也可以用生活中的真实事例进行阐发。

丛书策划方案定型后，得到上海市委宣传部和国家新闻出版署的高度重视和大力支持；选题列入"十三五"国家重点出版物出版规划项目后，数十位作者殚精竭虑，深入调研，认真撰稿；作者交稿后，出版社十多位编辑精益求精、全心投入，与作者密切联系，反复讨论，改稿磨稿。整个项目前后历时三年，于今终于可以和读者见面了。

希望本丛书的问世，能给广大学生、家长、教育工作者一些切实的帮助，为新时代中国人才培养工作贡献一份力量。对于丛书中可能存在的问题和欠缺，欢迎读者提出批评建议，以便在图书再版时改进。

目录

引言

我们观看各种"动物世界"之类的科教影片时,可以看到地球上种类繁多的动物都有着形形色色的行为模式,而这些行为模式主要来源于遗传,发自动物的本能。

比较一下自己,人类作为一种智慧动物,我们的行为不仅发自本能,更发自于我们的理智与情感。我们的行为规范,也不是主要来源于我们的遗传,而是我们在漫长的生长期(相对于动物而言)里逐渐习得的。

人类的行为模式极其复杂,除了维持生命的生理性行为模式外,还有大量使我们能够顺利在社会生存的行为规则,包括种种衣食住行日常生活的习惯、社交及相处的礼仪、道德伦理、社会制度、法律规范等。其中的社会制度、法律规范,以及部分伦理道德规范,是以公共强制力来保障的,违反者就要受到明确的处罚,严厉的程度甚至包括剥夺生命。

只要有人类社会存在,就会有这样的行为规则。比如美国人类学家乔治·默多克 1945 年在他的论著里曾经列举了世界历史上和人种志上有记载的各种人类社会文化都包含的一些行为规则:

年龄分级,体育活动,身体装饰,历法,清洁训练,社区组织,烹调,合作劳动,宇宙哲学,求爱,舞蹈,装饰艺术,占卜,劳动分工,释梦,教育,末世学,伦理学,人类植物学,礼仪,信仰治疗法,家宴,生火,民俗,食物禁忌,葬仪,游戏,手势,馈赠礼品,政府,问候,发式,好客、住房,卫生,乱伦禁忌,继承法,玩笑,家族,家族命名法,语言,法律,运气,迷信,巫术,婚姻,进餐时间,医学,产科学,刑罚制裁,个人姓名,人口政策,产后护理,妊娠习惯,财产权,对超自然事物的抚慰,青春期习俗,宗教仪典,居住规则,性限制,灵魂概念,地位区别,外科学,工具制造,贸易,观光,纺织,天气控制。

人类的这些行为规范的绝大部分,是我们的无数前辈在漫长的岁月里有意识创立的。特别是法律规范,先是以口头传承,后来以文字明确记录,写在泥板上(比如发现于两河流域的约4000多年前的古乌尔城《乌尔纳姆法典》)、刻在石头上(比如现存于卢浮宫的3800多年前古巴比伦王国的《汉谟拉比法典》)、铸在铜鼎上(比如《春秋》记载公元前536年郑国"铸刑书")、写在木板上并且高高悬挂在柱廊里公开展示(比如公元前451年古罗马公布的《十二铜表法》),并且不断继承发展,形成了错综复杂的体系。

本书就是有关我们人类行为规则的一些知识性的说明。当然,这样一本小书根本不可能涵盖上述这么多的体系以及内容,在本书里我们只能从一些人们常常会忽视的角度,摘取一些比较有趣的内容,来介绍给读者,想和读者一起探讨:我们的前辈在创立种种行为规范时,主要是依据我们的理性,还是依据我们的情感?有没有根植于我们本能的行为规范?我们遵守行为规则的动力究竟何在?对于人们行为的道德评价或法律处罚的界限究竟有哪些?

本书的探讨绝非最好的或最终的结论,我们希望本书为读者们提供一些新的视角,能够激发读者进一步探讨的兴趣以及想象力,能够更好地认识自己,认识社会,体会"开卷有益"。

上篇

"性"之所定

人性，在通常意义上是指人的本性。可是追问下去，人的本性究竟是什么？就会有各种各样的说法。比如中国古代儒家说人性本善，可是法家以及儒家中的荀子却说人性本恶，也有的古代思想家说人性无所谓善恶。那么再追问下去什么是善、什么是恶，儒家和法家都认为自私自利就是恶，为公就是善。可是春秋时期的思想家杨朱却认为人的本性就是"为我"，自私自利是天性。可见这样的人性定义实际上就是道德评价，使用不同的道德体系来评价，就会看到不同的人性。

　　本书讲的不是这种道德伦理意义上的"人性"，而是我们人类行为中的一些动物性的本能。本篇的这个标题"性之所定"，是想列举一些往往被忽视的事例，来说明我们的行为规则中有一些是来源于我们的动物性本能。

第一讲　左右之分

一、坐车的礼仪

假如和长辈、老师等地位高于自己的人一起坐汽车，那么座位如何分配才能体现我们的礼貌呢？

按照很多礼仪手册里刊载的通行惯例，如果乘坐的是专职司机驾驶的汽车（比如出租车），那么位于司机正后方的座位就是所谓的一号位，由地位最高或辈分最高或年纪最长的乘客乘坐；而司机旁边的副驾驶员的座位就是所谓的最末座，由全车地位最低的乘客乘坐。不过，如果乘坐的是朋友、同事的汽车，是朋友、同事来开车的，那么位置就要倒过来，司机旁边的副驾驶员座位就成为一号位，由地位最高的乘客来乘坐了。

那么为什么要这样规定？理由是这样的：如果不幸汽车发生了事故，那么司机的本能第一反应，就是将方向盘往左打，使汽车以及自己的身体向左急转弯。因此位于他身后的乘客就有可能因此得到保护，地位最高的乘客安全性得到保障。而司机边上的副驾驶员就随着汽车的左转而处在了汽车最前端也就是最危险的境地。可是当司机是朋友和同事的时候，坐在他的身旁，就代表了对朋友或同事的高度信任和尊敬，表示愿意与朋友或同事"有难同当"，因此要由地位最高的乘客来乘坐。

二、往左转还是往右转

难道人在紧急情况下往左转真的是我们人类的一种本能吗?

答案还真的是这样。我们做几次原地跳起转体 360 度的动作试试看,你大概会感觉做这个动作往左转要比往右转顺利得多。实际上这并非是你一个人的感觉,在观看体操、跳水等等比赛时大家可以注意一下,就会发现大多数运动员在做转体动作时也是往左转的。到田径场或自行车赛车场看看,跑道安排都是向左转弯的。有位科学家测试了足球运动员罚球的成功率,发现当运动员罚球时往守门员的右侧踢,他的成功率为 63.6%;相反如果将球射向守门员的左侧,成功率就降低为 43.7%,也就是说,守门员往左扑球时反应更快一点、动作更灵敏一点。

当你回到家里时,也可以注意一下:安装电梯的楼房,楼梯作为逃生通道,一般是左旋往下的。相反,没有安装电梯的多层住宅,主楼梯总是左旋往上的,方便人们上楼。在人们还没有普遍居住楼房的时候,古代的工匠们就已经知道了这一点。比如在南美纳斯卡平原上,4000 年前的古代农民打了很多的取水井,井口修成螺旋坡道,向下走时是往右旋转的,而当人们吃力地提水往上走的时候就是左旋而上的。

图 1-1　纳斯卡平原上的取水井

相反,欧洲中世纪的城堡塔楼,为了使进攻者爬楼梯时感觉困难,便于防守方防守,城堡塔楼的旋梯总是右旋而上。

图1-2 欧洲中世纪的城堡塔楼旋梯

直到城堡已经失去了军事意义,成为贵族的宅邸,比如被誉为欧洲最美丽屋顶的法国香波堡,中心城堡中央由达芬奇设计的双螺旋大扶梯仍然保留了右旋的城堡特色。不过在达芬奇设计的"立体城市"图纸里,楼梯都是左转往上的了。

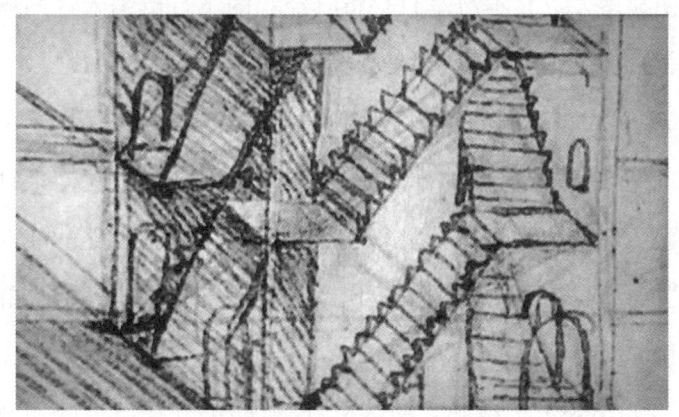

图1-3 达芬奇设计的"立体城市"图纸

紧急情况下倾向于左转的本能,不仅仅是转动我们的身体,还扩展到了我们在使用行动工具时的习惯性动作。早期飞机都是用脚蹬来控制方向的,踩下左脚的脚蹬,飞机就向左转,踩下右脚的脚蹬,飞机就往右转。和以上所讲的开汽车情况一样,飞行员们在空中开飞机时,遇到紧急情况往往也会本能地猛踩左面的脚蹬向左急转。自从有了空战后,这就是菜鸟飞行员最容易犯的致命错误。每当敌军飞机飞到了自己飞机的后方,菜鸟飞行员常常会神经紧张地往左急转试图摆脱,而老资格的飞行员在开枪开炮时就会瞄准敌机的左侧,菜鸟飞行员左转时正好被飞过来的枪弹炮弹击中。二战时击落 38 架日军飞机的美国空中王牌飞行员迈克盖尔在生前写的战斗经验总结中道:"日军飞行员通常依靠半滚机动进行规避,而且几乎总是向左翻滚。"他因此建议美军飞行员应该向左前方射击,可以大大提升命中率。

注意观察一下海军装备的航空母舰,就会发现世界各国航空母舰上的"舰岛"(突出于甲板的指挥塔)都是位于甲板的右侧。从航空母舰的发展史来看,英国人发明航空母舰这一舰种时就是这样设计的。20 世纪 30 年代日本不信这个邪,曾经设想两艘航母编队航行,一艘舰岛在左,一艘舰岛在右,成双配置,飞机编队航行时可以方便舰载机环绕编队飞行。可是投入使用后才发现,飞行员在舰岛左置的赤城、飞龙号航母上起降时,一旦有意外总是下意识地往左打转,很容易撞上舰岛,飞行事故明显多发。日本海军只得将有经验的飞行员编入这两艘航母的飞行队。日本以后建造的航空母舰就都是舰岛右置的。

从飞机采用密封座舱开始,飞机座舱盖就是向右打开,以便于飞行员向左爬出座舱跳伞。比如二战中著名的德军战斗机 BF－109 就是这样设计的。可是这样虽然便利逃生,却不利于飞行员紧急起飞时进入座舱。后期的战斗机比如英国著名的"喷火"战斗机、美国的 P－38"闪电"战斗机,都采用了后移式舱盖,便于逃生和紧急登机。

1920 年,开始出现了承载旅客的客机,座舱门都开在飞机的左侧。这样的设计虽然使得旅客登机时会感觉有点不太顺,要右转身才能进入座舱,可是却大大方便了紧急疏散时离开飞机。

三、左转本能的合理解释

打破砂锅问到底：为什么我们总是本能地向左转，而其他的脊椎动物即使心脏偏于左侧，却并没有这样显著的本能习惯性动作？

实际上这是人类长期以来经历的自然选择的结果。人类是一种习惯于直立的动物，也就是说，人类的内脏直面前方，时刻"面对"可能发生的危险。而其他的脊椎动物，大多是四脚支撑俯伏地面，这样动物的内脏可以受到整个以脊骨为轴心的全部肋骨骨架的保护。另外，人类的骨骼也为适应直立生活，而变得以承受垂直重力为主，横向受力及承受冲击的强度稍弱，这也使得内脏的保护要靠更为灵敏的动作来躲避危险。

所以人类更需要灵敏的转体动作来保护自己，尤其是保护自己最重要的器官——位于身体左侧的心脏。凡是没有具备这种本能的个体在长期的残酷生存斗争中都被淘汰了，我们就是具备了这种本能的众多个体的后代。

四、左手和右手

这种左转的本能还影响到我们人类的很多行为特性，比如左右手的分工。这也是人类特有的一种后天习惯。其他的灵长目动物并无显著的利左或利右行为

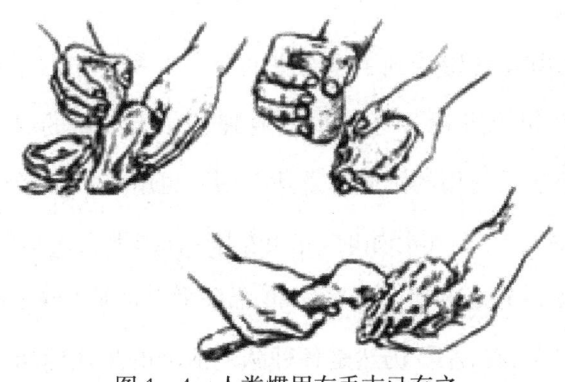

图1-4　人类惯用右手古已有之

特征，可是 20 世纪初发现北京直立人遗址的时候，考古学家就已经注意到遗址里发现的大多数石器是由惯用右手的人制作的。欧洲考古材料也显示，欧洲的古人类尼安德特人也都是右撇子。

左右手分工的来源，与上述的左转本能动作有关。人类是以工具制造工具的动物，要使用工具来精密打制石器，就需要两手的分工——一只手专门用来固定、夹持加工件，另一只专门用来握持工具进行发力打击。完全可以想象，当我们的祖先在制造工具时，如果遭遇到突发事件，出于本能，他（她）的身体会下意识地向左转，那么用以起到固定、夹持作用的左手以及左侧身体就正好可以成为一个旋转的稳妥的轴心，而发力的右手在身体左转的同时，就可以用来对付突发状况：抵抗、支撑、抓握……

左手固定、右手发力在人类的劳作以及生活中都是普遍的现象。我们在劳动中也都是右手发力，比如使用斧子、锯子、锤子、剪刀等，而左手用来固定加工件，使用夹持、传递力量的工具比如钳子、凿子、冲头等。甚至于这还影响到施工图纸的画法。标准的图纸是前视图、俯视图、仰视图、后视图、左视图、右视图，不过一般都是三面图，前视图、俯视图、右视图，便于工匠按照图纸以右手来发力操作。战争时使用武器也是左右手分工：左手持盾防御，右手持矛发力攻击；左手持弓固定，右手拉弦放箭；使用火铳及以后各种火枪、步枪，依然是左手固定枪械，右手拉动枪栓、扣动扳机。

左右手的分工甚至还影响到了左右脚的分工。相对于右手紧握、需要迅速有力挥动的刀矛而言，古代士兵左手持握的盾牌是相当沉重的（比如有人估计古希腊城邦斯巴达重装步兵使用的圆盾牌重达 30 磅，也就是 13.6 公斤；而长矛重量在 5 至 10 磅之间），因此，在行军开始时，先出左脚，有利于士兵掌握重心。早在公元前 1950 年，古埃及等十二王朝法老的军事命令中已明确"行军应先迈左脚"。这一传统沿袭至今，"左、右、左"，仍然是各种队列活动的步伐标准。

五、对使用右手的规范与推崇

习惯使用右手发力,使用右手做幅度大的动作,可以腾出左手来专门保护心脏,也便于及时向左旋转身体保护心脏。无论做工打仗,使用右手安全系数更大。而在生存条件艰苦的古代,左撇子往往不得善终,会在生存竞争中被淘汰。

因此右撇子很可能并非是遗传所致,而是各种人类文明的一个传统规范,从儿童开始,强制所有的人都必须惯用右手,以右为贵。

留存在我们的语言里,右手往往表示优势。比如希腊语的 dexios、拉丁语的 dexter、英文中的 dexteritr,表示的是"灵敏",而原意就是"用右手"。英文中的"right",还有正确的意思。

在中国古代的汉字中,"右手"具有掌控意思,比如一只右手拿一根棍子的 ，就是"父",表示有家长权,有权力教导、带领你的那个人。一只右手拿一根棍子,下面再画上一个口的 ，就是"君",表示有权下命令的人,就是君主。右手拿着一只肘子的 ，就是"有",表示属于你的东西。右手拿着一个表示财富的贝壳的 ，就是"得",表示获取、得到。一个跪着的人旁边画一只右手的 ，就是"奴",那个跪着的人受这只右手、也就是他的主人的控制。一只右手抓着一个人的 ，就是"俘",表示战场上抓到的俘虏。中国古代"刻木记事",在木片上刻几道刻痕来代表某项约定,叫做"契"。将刻有刻痕的木片一剖为二,做成一式两份的契,叫做"券"。将木片一剖为二就是"破券",当事人各持一片,表示某项交易的成立。而双方将两片木片重新对合,确认原来的刻痕无误,就要履行义务,这就是"合券",表示交易实现。至少从战国时代开始,破券后执右边那一片"右契"或"右券"的就是债权人,而执"左契"或"左券"的就是债务人。军队的信息系统也是如此,当国王派来的将军出示国王授予的"右符"(常刻成老虎模样),与驻军军官收藏的"左符"核对无误,驻军军官就必须接受将军的命令。

六、对左撇子的歧视

强制使用右手的规范,同时也就伴随着对左手的歧视。比如,在很多语言中"左"一词可解释为"笨拙"或"欠老练"。欧洲历史上曾称左撇子为"与魔鬼(撒旦)为伍者"。英语单词 sinister 来自拉丁语 sinister,本意是"左边的",进入英语后,衍生出"笨拙、邪恶"等负面意思。法国人称动作不灵活的人为 gauche,意思是"左撇子"。德语 linkisch 意思是"左撇子",具有怪人的语义。

捷克教育家夸美纽斯在他 1658 年出版的儿童教育读本《世界图解》"伦理学"条目里,对小朋友提出警告,左行的道路通往邪恶:

"世界上不是只有一条直路,而是像字母 Y 那样存在着岔路。左侧的路很宽广,右侧的路则很狭窄。宽广的路是恶德之路,狭窄的路是美德之路。年轻人,请离开左侧躲避恶德。它的入口处虽然十分豪华,但出口却是难以预料的可怕。无论遇到怎样的情况,也请进入右侧的路。绝对不会找不到通往美德之路。按着美德所指引的方向继续向前,穿越狭窄走向崇高荣誉之城。"

图 1-5 《世界图解》中的插图

在汉语习惯中,往往以右为上,而"左"往往与一些否定、贬义的概念相联系,意为"偏""邪""错",比如"旁门左道""左嗓子",而"意见相左"就是意见相反,"左迁"就是降职,"闾左"就是指穷人。

不过在中国官职历史上,对左与右的推崇比较复杂。按照儒家整理的西周时期的礼制,在行"兵礼""丧礼"时以右为尊,而平时施行其他的礼仪则以左为尊。"兵礼"就是进行战争(或者是模拟战争的狩猎活动),自然要以使用攻击性武器的右手为尊。"丧礼"是埋葬亲人的礼仪,要有很多的体力活动,也需要右手为尊。而在朝廷议事、接见宾客、祭祀祖先、婚礼及成年礼等场合,需要大家静止安坐的,那么按照古代的传统,君主或主人坐在朝南的座位,宾客或大臣以面朝西方的座位为尊,也就是君主或主人的左手边为最尊贵宾客的座位,这样便于君主或主人向左转身寒暄咨询,因此以左为尊。后世的官职尊卑没有定规,"忽左忽右"。战国秦汉时,按照古代"兵礼"的传统,规定官职以右为尊。后来魏晋隋唐宋,又按照古代常礼的原则,官职以左为尊。蒙古建立的元代尚武,官职以右为尊。明清则回到传统,官职以左为尊。

政治上的左派、右派的称呼,起源于18世纪末的法国大革命。1791年的法国制宪议会上,支持王朝统治的保王党人士都被安排坐在代表了国王的议长右手边,也就是"正确"的一边;而激烈批评王朝统治的革命党人被安排在议长的左手边,也就是寓意"邪恶"的一边。虽然这样安排座位原本具有侮辱性质,但是从此便产生了"左派""右派"两种称呼。在欧洲,政治上激进的、反对保守政府的就被归类为"左派";政治上保守的、反对变革的就被归类为"右派"。

七、左旋与右旋

人类手臂能够纵向旋转270度,这是我们的灵长目祖先以及我们的近亲大猩猩、猩猩等灵长目所不具备的。这使得我们的手臂能够完成各种复杂多变向的动作,灵活地使用各类工具。

仔细观察一下，就会发现，我们在做手臂旋转动作时，在手掌与身体横向位置平行的情况下，往身体外侧方向可旋转 180 度，往内侧方向只能旋转 90 度。而当习惯使用右手时，由左向右方向的旋转就可以获得最大的效益。我们的祖先在进行钻木取火之类的旋转动作时，肯定很早就发现了这一点，由此逐渐形成旋转动作主要由左往右发力，也就是"右旋"的习惯。

　　古希腊人大概注意到地中海丰富的各种海螺的螺旋纹路，从而发明了螺丝与螺杆。这是需要使用旋转动作完成的装置，很自然地，古希腊人把螺纹做成了向右旋转的，以利于获得最大的动作效益。古希腊的"机械"分为 5 种：杠杆、楔子、螺杆、滑轮、绞盘。其中螺杆是应用最广泛的连接件，用来连接加固各类构件。螺杆还可以将旋转运动变换为直线运动，用来压榨葡萄、压制金银币，古希腊著名的发明家阿基米德还根据螺杆的原理发明了可以提水的螺旋泵。

图 1-6　阿基米德螺旋泵

　　螺纹加工以及一切旋转的动作，都遵循了从左至右的习惯。中世纪欧洲人发明机械时钟后，很自然地将指针设定为从左至右转动，并由此扩散到一切旋转动作的称呼——"顺时针""逆时针"方向。

第二讲　通行的价值

一、珍宝和金贵

和上述人类在紧急情况下向左转体保护心脏的本能情况相仿,我们生活中的很多规则实际上根源于我们的本能,但我们现在已经很难察觉。

比如商品交换,它是人类自行发展出的一种伟大的行为模式,并发展为一整套完整的法律规范。我们今天的民法、商法体系,就是从商品交换的规则发展而来。

商品交换的基本规则是"等价交换",可是在世界各个古代文明中,有一类物品总是价格最高、需要最多的其他物品来交换,那就是钻石、宝石、玉石、珍珠、贝壳、黄金、白银等,今天,我们称之为奢侈品、装饰品、贵金属。中国的汉语词汇"珍宝"(宝石和玉石)、"金贵"(黄金和贝壳)就包含了这些典型的物品。

这些物品在古代世界里有什么实用上的意义吗? 似乎看不出来。要用作石器工具的原料,玉石不够硬,宝石的尺寸也太小,难以加工成工具。要用作金属工具,金和银都太柔软。珍珠、钻石,实在是太稀有,尺寸更微小,不可能成为实用的工具。贝壳倒是古人广泛使用的工具原料之一,大的蚌壳可以做成餐具、器皿,或者加工成镰刀、铲子。可是人们用于广泛交换的贝壳却不是这些大尺

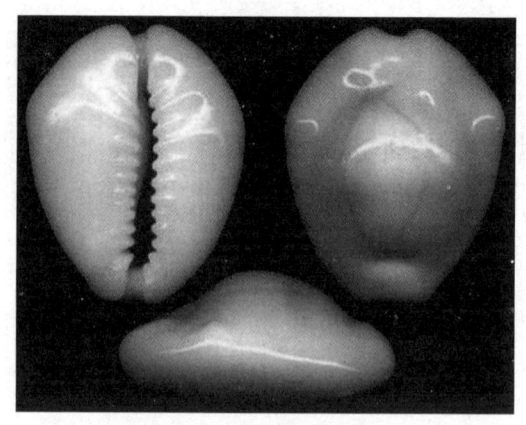

图 1-7　古代的"货贝"

寸的、可以作为工具原料的蚌壳,而是一种尺寸很小(一般长度只有两三厘米)、产于海洋的"货贝"。

从"使用价值"的角度来看,这些物品大多只能用来做装饰品,挂在人们的颈部、耳垂、手臂等身体部位,供人欣赏。这样看来人类具有一种共同的审美观念,有着普遍喜爱这类物品的天性,使得这类物品具有很大的需求。

二、一个合理的解释

我们仔细分析一下以上的这个物品单,很快就可以发现,这些物品具有唯一的共同特性:它们都是容易抛光、能够高反光的物品。珍珠、贝壳本身就具有反光层;金、银不容易被氧化,能够长期保持金属的光泽;钻石、宝石、玉石,都是能够加以琢磨、抛光的矿物。

也就是说,人们天生喜欢的就是有光泽的东西。

对此现象一个比较合理的解释就是,这缘起于人类的一种生理结构上的缺陷。我们人类的远祖——树栖灵长目动物,生活在高高的树冠上,远离掠食动物出没的地面。树冠上没有比灵长目更大的动物,我们的远祖夜晚不用担心掠食动物,只要查明确实处在树枝之间的安全位置(这个本能至今仍然保留,当我们将要入睡前往往会抽动一下突然惊醒,就是远古祖先这个安全提醒机制的作用),就可以安心睡大觉。随之而来的是,灵长目动物在漫长的近 6000 万年的进化过程中逐渐丧失了夜视能力。

我们的眼睛是精密的器官,眼球底部的视网膜感觉层,主要由 1.1~1.3 亿个柱细胞、600~700 万个锥细胞组成。其中锥细胞集中于视网膜中心凹处,具有很高的分辨力,我们感知事物主要依靠的就是它,但是锥细胞感受微弱光线的能力很弱。柱细胞分布于整个视网膜,能够感受较弱的光线,但分辨能力差。白天两种细胞密切合作,让我们能够感受多姿多彩的世界。可是当我们身处夜色时,就无法精确定位周围的物体。

当 200 万年前人类下地后,由于丧失了夜视能力,夜间很容易遭遇地面夜行掠食动物的侵袭。掠食动物眼睛夜间聚焦感光能力远远超过人类,大型猫科动物、犬类动物视网膜上的中心凹处既有锥细胞也有柱细胞,因此夜间的聚焦感光能力是人类的 6 倍,而且定位分辨力更是远超人类。另外,夜行动物的眼底具有一层反光层,呈现凹面镜的形状,类似车头灯或手电筒的内壳,能将吸收的微光再聚焦到焦点上,使夜行动物看得更清楚。这也是为什么用灯光照射,狼、老虎等动物的眼睛晚上会发亮。

三、"要有光"

由于人类缺乏夜间视力,很久以前就形成了惧怕黑暗的本能反应。所以我们掌握保存点火技术,很可能开始时并不是为了烹食和取暖,只是为了驱走黑暗和伴随黑暗而来的掠食猛兽,以及我们自己想象出来的妖魔鬼怪。

同样我们也就可以理解为什么在古代的宗教神话里,火焰、光芒都具有重要的意义。最显著的如希伯来人的《旧约全书·创世记》描述的上帝创造宇宙万物中,第一步就是:"神说,要有光,就有了光。神看光是好的,就把光暗分开了。"后世的各类宗教几乎都具有长明灯、长明火的设置。古波斯甚至产生过一个"拜火教"（琐罗亚斯德教），教义认为，主神阿胡拉·马兹达创造世界，创造火和"无限的光明"。

同样，一切能够发光、反光的东西由此被人类赋予克服恐惧、驱逐凶邪的"神力"，由此这类物件在我们的祖先看来，并非简单的、为美而美的装饰品，而是具有无比重要、无可替代的"使用价值"，具有广泛的需求。

这些物品由需求而产生交换，由交换的频繁而成为一般等价物，再由一般等价物转变为货币。比如三千多年前，中国古代最早的货币是贝壳。到了战国时代，法家著作《管子·国蓄》说"以珠玉为上币，以黄金为中币，以刀布为下币"。秦始皇统一全国后，才立法规定以黄金为上币、铜钱为下币。

在古代欧洲，随着商品经济的发展，金银由于加工方便、容易定量分割、更容易充当一般等价物，逐渐成为货币。马克思在《资本论》中说"金银天然不是货币，但货币天然是金银"。直到 20 世纪初，金银仍然是各国货币的"本位币"。平时流通的纸币只是本位币的流通符号。

第三讲　致敬的仪态

在当今这个号称"全球化"的时代,各国人民之间的交往日益频繁,我们很容易发现世界各国流行的社交礼仪的不同,会感到惊奇有趣。可是在很长的历史时期,各国的礼仪都具有法律性质,是由国家正式实施的。违反礼仪往往要受到刑罚处罚。直到今天,在外交场合、军队系统的礼仪还是有相当法律意义的。

各国的礼仪粗看来很容易使人觉得纷繁复杂,但实际上,无论各国的文化形态、历史源流有何不同,所有的社交礼仪都很容易归纳出这样三种基本形态:第一种是做出降低身段的动作,比如鞠躬、跪拜等;第二种是向对方做出表示信任、自己放弃防备的动作,比如拱手、握手等;第三种是表示接纳亲人、家人的动作,比如拥抱、亲吻等。

一、降低身段

降低身段,就是降低自己身体的高度。这实际上来源于我们的灵长目祖先。

灵长目动物在发怒、试图威胁对方时,会发出明显的、使对方感到害怕的信号。它们会使自己的身体膨胀到极限,使劲地挺直身体,张开四肢,高昂起自己的脑袋,甚至使自己的毛发都竖立起来,极度扩张自己的视觉形象。这种威胁信号不太适合于在地面上活动的哺乳动物,而是非常适合于灵长目动物栖息的树冠环境,在这样的环境下,有可能上下左右全方位地进行攻击。尤其是灵长目动物缺乏有力的尖牙,或者是头上的尖角之类的装备,攻击时只好四肢并用,基本制服了对方的时候才能够使用啃咬战术。因此极力扩张身体是威胁对方、立即要进行攻击的最明确信号。同时,和其他地面动物类似的威胁动作即睁圆双眼、直瞪瞪地盯视对方相比,这是最彻头彻尾的攻击行为形象,被认为是最凶暴的面部表情之一,是最富挑衅性的姿势的伴生物。

服从、致敬的行为自然就是这种攻击性表露的反面。灵长目动物表示服从、致敬的本能,就是采用蹲踞的动作,明显地降低自己的身高。同时收缩四肢,萎缩自己的身材,低头,将自己的眼睛位置降低,俯视下方,避免与对方眼睛的对视。

很明显,我们人类的攻击性表露动作与灵长目动物完全一致。我们试图威胁、精神上压倒对方时,会不自觉地挺直身子,靠近对方,增大手臂的动作。我们的古人早就用"毛发皆竖""怒目而视""金刚怒目""怒目圆睁""戟指怒目""瞋目切齿""眦裂发指""眦睚欲裂"等成语,来形容我们的攻击性威胁形态。

同样,我们的服从和致敬的礼仪也直接从我们的灵长目祖先那里继承而来。蹲踞进一步发展到下跪,以至于趴在地上的"五体投地",甚至匍匐在地位远远高于自己的人物的脚下,亲吻他的鞋子、脚边的尘土。这种服从的姿态加以程序化、等级化,就成了各类相见的礼节。

二、"跪拜之争"

1793 年,英国派了马戛尔尼伯爵为首的代表团访问中国,以祝贺乾隆皇帝八十大寿为名,试图和中国签订有关外交及通商条约。外交谈判还没有开始,在觐见乾隆皇帝的礼仪上就发生了分歧。按照中国传统,任何臣子在正式场合觐见皇帝,都必须要行三跪九叩(三次跪倒磕九个头)的大礼。而英国方面坚决不接受,坚持要按照觐见英国国王的礼仪,也就是单腿跪下低头致敬。就因为这个分歧,双方的谈判陷入僵局。从英国使团到达北京开始,一个多月都没有谈拢。最后按照马戛尔尼的说法，还是清朝让步，允许他不磕头，以单腿跪致敬。

中国传统的跪拜礼，最初与古人的坐姿有关，在宋朝以前，无论贵族平民都是席地而坐，即两膝着地，两股置于脚跟之上。如果挺直腰，两股不碰到脚跟，就是"跪"。在跪坐的基础上身体再向前倾，两手向前合拢，头低下与手相合，就是"跪拜"。再进一步，两手扶地、头部接触地面就是"叩首"。头点一下即起就是"顿首"，头在地面延迟一会儿就是"稽首"，这是最重的礼节，祭祀祖先、拜见皇帝都要行此礼。

不过在军队里，将士都身披盔甲，要进行跪拜比较麻烦，所以明清时期军队中实行简化的单腿跪。下级见上级，左腿向前一小步，右腿弯曲跪下，低头，左手扶左膝，右手向下伸直触地。一般叫"打千"，清代叫"请安"。

和中国这样的军礼相仿，欧洲中世纪时，各级贵族骑士也都是武夫，行礼也是采用这样简便的单腿跪。后来推广到宫廷，单腿跪成为正式的觐见君主大礼。因此双腿跪拜和单腿跪拜就其起源而言，并不存在特别的屈辱意思。

和我们的灵长目祖先一样，回避目光对视，也是一种降低身段的礼节。在中国古代，跪拜行礼后席地而坐对话时，也不能直视对方，由此形成了"足下""阁下""殿下""陛下"之类的尊称，表示是注视着对方脚下的地面在说话。

三、鞠躬和其他

跪拜礼以外的降低身段的礼节姿态，还有作揖、鞠躬、低头、屈膝礼等。

中国古代平辈之间的礼节最流行的是作揖礼，相见时双方同时伸手低头，模仿跪拜时"拜"的动作。唐宋的时候又发展为"唱喏"，下属对上级、晚辈对长辈，在作揖的同时扬声致敬。据说这个礼节起源于东晋，当时有个北方人到南方游历，与南方著名世家王氏子弟会面，回到北方有人问王氏子弟情况，那人说"见一群白颈鸟，但闻唤哑哑声"。女子相见礼为"万福"，低头并两手握起放下至一侧腰间，略屈膝，口称"万福"。

鞠躬也是从军队礼节转变而来。目前世界上使用鞠躬礼最频繁的国家就是日本，使用时有比较细致的规定，比如一般对初识者鞠躬15度，服务员向顾客鞠躬30度，同级同辈相见鞠躬45度，对最尊敬的师长鞠躬90度。鞠躬时先要脱帽，目光向下。男士双手应在上体前倾时贴放于身体两侧裤线的稍前一点，女士的双手应下垂，轻轻搭放在小腹前。

欧洲男子下对上的礼节是单腿跪。女子下对上的礼节是屈膝礼，与中国女子的"万福"有些相像，只是没有两手握起置于一侧腰间的动作，而是两手下垂做出提裙裾的样子。

作为法定的相见礼，在辛亥革命后，中华民国政府于1912年正式宣布革除跪拜礼节，规定国民相见礼不再区分等级，一律代之以脱帽鞠躬。

四、表示信任和接纳为亲人

和我们的灵长目祖先不一样的是，人类创造出并非服从、降服的交往关系，并且将之作为最重要的社会关系，从而"人为"地创造出了系列的礼节。

这种"人为"创造的交往方式，首先就是信任对方，并希望得到同样的回报。这就是要表现出自己放弃警惕的姿态。中国古代的拱手礼，就是这样的姿态。双方都平视对方，表示坦诚；两手向前伸直握起，表示自己的双手没有武器，交给对方处置。由于古人认为暴露双手不礼貌，秦汉唐宋时期行拱手礼需要用衣袖（当时的衣袖都很长很宽大）遮住手掌。清代以后的拱手礼逐渐改变为空手。左手掌挺直盖住右拳，有时右拳的拳心朝前，表示绝无武器或出拳之意。进一步的曲折左手包住右拳，即成"抱拳"。

和中国拱手礼有异曲同工之处的，就是欧洲古代的握手礼。握手礼也是双方直视对方，同时伸出右手，表示出没有武器、没有侵犯的意思，并与对方握在一起，原来就是表示信任、把自己交给对方的意思。

同样，脱帽也是中西方古代都有的礼仪。脱帽具有降低身段的意义，不过更直接的起源是古代将士在相见时，为表示和平诚意，就要脱去自己的头盔。

欧洲人后来又从脱帽发展出举手礼，举起右手接触到自己的帽子边缘，表示准备脱帽致意的意思。一般还会将右手掌转向朝前，显示没有武器的意思。这后来就成为各国军队普遍采用的军礼。

和我们灵长目祖先不太相同的另一种相处的姿态，就是我们愿意表示出接纳他人进入到自己的家庭，与对方形成亲密关系的姿态。这就是拥抱礼、亲吻礼。灵长目动物之间也有亲密动作，表现为互相清理毛发等。

第四讲　天生的印记

一、使用左手抱孩子的习惯

图 1-8　圣母怀抱圣婴

在基督教的教堂里,往往有很多的圣母画像。很早以前就有人发现,圣母画像中凡是画有圣母怀抱圣婴(年幼的耶稣)场景的,圣母都是用左手怀抱。欧洲很早就有人分析了 466 张圣母抱耶稣的画像(最早的画像是数百年前的作品),结果显示,373 张画像中的圣母把圣婴贴在左胸。

那么在现实社会中,母亲更习惯于用哪只手来抱婴儿呢? 美国科学家在 20 世纪 50 年代还真做过一个调查,那个调查的结果表明,母亲习惯于用左手抱孩子的百分比高达 80%。

这个调查结果发表后,引起了热烈的讨论。大多数人都认为,显然是因为美国人多半习惯用右手;母亲左手抱孩子,可以腾出更为灵巧的右手来做事。可是也有人认为,仔细分析的话,实际情况并非如此。比如同时代的观察发现,妇女手挽包裹的姿势却是左右两侧各占一半,正好与抱孩子的习惯用左手形成鲜明的对比。而且,惯用右手的妇女和惯用左手的妇女抱孩子的动作确实有差别,不过这一差别并不能作出恰如其分的解释。比如在仔细分析了调查结果后,人们得出:惯用右手的母亲中有83%的人用左手抱婴儿,而惯用左手的母亲中仍然有78%的人是用左手来抱孩子的,也就是说,只有22%的左撇子母亲使用右手抱孩子,腾出自己更灵巧的左手来做事。

二、母亲的心声?

20世纪50年代的这个讨论,后来被很多人接受的观点是这样的:只有一种线索能说明母亲习惯用左手抱孩子的问题——因为心脏位于胸腔的左侧。胎儿在母体里成长的过程中,已经对母亲的心跳养成了固定的反射(留下了"印记")。婴儿出生之后再次听见那熟悉的心跳声,这对他(她)显然有镇静的作用。尤其当新生儿突然来到让他(她)畏惧的、新奇的、陌生的外部世界时,母亲的心跳声显然有镇静的作用。所以天下的母亲因为直觉也好,通过无意识的试错也好,反正最后总会发现,把孩子抱在左边靠近心脏的话,孩子会表现得更加安静,而抱在右边,就需要更多地去分神照顾孩子。

20世纪50年代的时候,很少有男人长时间怀抱婴儿。可是随着20世纪60~70年代男女平权运动的开展以及单亲家庭的增多,男士带孩子抱孩子的现象越来越常见。很快就有人发现,男人们在抱孩子时,几乎也都是使用左手的。那么,婴儿靠近左胸,听见的是他(她)并不熟悉的父亲的心跳声,难道也会对安抚孩子起到作用吗?

为此进行的实验果然证明,实际上对孩子起到安抚作用的只是人类心脏跳动的微弱声音。在美国一所医院的婴儿室里进行了一项试验,让新生儿分组听心跳录音,其节律是标准的72次/分钟,每组有9个新生儿。结果发现,不放录音时,总有一个以上的新生儿哭声不断，大约 60% 的时间都啼哭。反之，如果放录音，新生儿啼哭的时间就降至 38%。听音组和非听音组的新生儿比较，前者体重显示有较大的增长，虽然听音组和非听音组摄取的食物相等。那么可以证明，未听心跳组的婴儿哭闹动作比较多，消耗的热量更多。

另一项试验以稍大的婴儿为对象，分组进行试验。在婴儿入睡之前，有的寝室里保持静寂无声；有的寝室里放催眠曲的录音；有的寝室里放着咔嗒咔嗒作响的节拍器，其节律为标准的心律节奏，即 72 次/分钟；还有的寝室里播放心跳的录音。然后将各组结果进行比较，发现听心跳录音的婴儿，入睡的时间只需要其余各组的二分之一左右。试验不但证明，心跳声是强有力的使婴儿镇静的刺激信号，而且说明，婴儿的反应是非常专一的。节拍器模仿心跳节律的声音并不能给婴儿催眠——至少对出生不久的婴儿是这样的。

三、心跳印记

以上的这些内容来自于英国人类学家戴蒙德·莫里斯的名著《裸猿》一书。作者在详细分析了这个现象后，将此称之为我们人类的"心跳印记"（imprinting）。

莫里斯认为，这个心跳印记对于我们有很大的意义。它可以解释，母亲为什么要摇晃孩子，催其入睡。母亲摇晃婴儿的节律与心跳的节律接近，它再次"提醒"婴儿，使其重温在子宫里已经熟悉的节律感；怀孕时，母亲巨大的心脏在胎儿上方怦怦跳动，使胎儿养成了这个节律感。

直至进入成年以后，我们身上仍能看到这一现象。我们痛苦时禁不住要摇晃身子，我们心里发生矛盾冲突时会下意识地摇晃身子，我们在紧张状态下会不自觉地摇晃身子，重复着母亲在我们婴儿期间抚慰我们的节奏。在听一位新老师讲课时，或者是看同学第一次上台发表演说时，请注意他摇晃的节律是否符合心跳的节律。他面对听众时那种不自在的感觉，使他在这个受局限的环境中采用使身体最舒适的动作。所以，他用上了原来在母亲的子宫中已熟悉的心律。

莫里斯认为，20世纪70年代在欧美青年中流行的"摇摆乐"，少年音乐"节拍乐"(beat music)，都是这种心跳印记的证明。处在青春期的青少年，每当产生不安全的感觉时，就在音乐和舞蹈中重复这个节奏，在潜意识中希望自己能够回到昔日子宫中那个平平安安的世界中去。而很多民间音乐舞蹈，带有节奏明快的切分音，也是这种或那种隐蔽的使人感到舒适的心律节奏在起作用，使得演奏者、表演者，以及所有的观众都感到愉悦而安心。

四、"师出以律"

这个与生俱来的节奏在法律上也有体现。中国商周上古时代，就有"师出以律"的说法(《周易·师卦初六》)，军队出动时要按照"律"，"失律，凶也"。这里的"律"历来很多注释者都认为并不是指"军法""军律"，而是指"音律"。《史记·自序》《史记索隐》(唐·司马贞注)、《史记正义》(唐·张守节注)中讲道："古者师出以律，凡军出，皆吹律听声。"

律字原指以竖笛定音的动作。甲骨文 ，就是"聿"，表现一只右手持着骨笛在吹奏(象征骨笛的一小竖，两边有出气的形状)。再加上表示遵循的路径 ，就组成了"律" ，表示"定音"。

远古人类自行发明的第一种乐器，就是骨笛。鼓、磬、钟之类的打击乐器，是古人直接模仿自然界发声现象的成果。而骨笛则完全是人类开动自己的大脑创作的乐器。大概在狩猎时代，人们在进食时吸取了骨髓后，随便吹一下骨管，发现了发声的现象，以后逐渐对骨管进行加工，让空气从骨壁的一个个开出的小孔喷出，形成不同的音阶。在中国大陆出土的最早的骨笛，距今已有9000年，可见人类掌握管乐有着漫长的历史。所以"师出以律"可以想象为一支包括了鼓、钟之类打击乐器的乐队，在笛子、号角之类的管乐乐器指引下，通过演奏有节奏的军乐，来调整军队的步伐。

古人作战并不是简单的打群架，是有着高度组织性的整体行动。尤其是冷兵

25

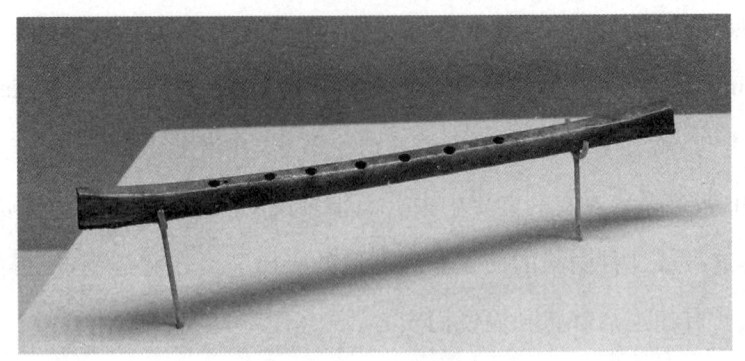

图 1-9 骨笛

器时代,进攻与防守都是以密集队形进行的,如果队列不整齐、步调不一致,很容易导致混乱。所以在嘈杂的战场上,必须要有高昂的乐声来使士兵保持步调一致,才能使自己的战斗行动保持节奏,有效打垮敌军。所以才会有"师出以律"这样的说法。

在世界其他地方的情况也与之类似,各个古代文明的战争行为都是伴随着军乐。而且几乎没有例外的,也都是以笛子作为主要的军乐乐器。直到今天,军乐队依然是以管乐乐器和打击乐器组成。

那么,"师出以律"的节奏是怎样的呢?和莫里斯所谓的"心跳印记"有关吗?

我们平时漫不经心地漫步时,当步伐与自己的心跳接近,比如 80 步/分钟时,就会显得格外轻松。只有在快走时,比如达到 100 步/分钟,我们的肌肉、循环、呼吸系统才开始加大负荷,才能起到锻炼身体的作用。而在战场上,需要士兵兴奋起来,保持适度的紧张以及高昂的情绪,士兵的心跳也就会随之加快到 110 次/分钟以上,行进的步伐就要加快到 116—122 步/分钟。因此军乐进行曲的节拍一般就是 118 拍/分钟左右。

五、"志"的善恶

根据莫里斯的观点,除了节奏外,心跳印记还在另一个方面对人类社会产生过隐蔽的影响。"也许它能够解释,我们为何把爱的感情归之于心上,而不是归之于脑子中。诚如歌中的唱词所云:你要有心!"

实际上,我们归之于"心"的可远远不止于"爱的感情",在世界各地古代文明中,人类的一切智力活动、情感发挥,都曾被归之于"心"。在我们的汉字中,一切智力活动、情感发挥的字,几乎毫无例外都属于"心"部首。也就是古人在造字时,把这些都归因为我们的心脏。

古希腊时代最著名的大医学家希波克拉底、大思想家亚里士多德,都认为心脏是我们一切心智活动的本源。希波克拉底总结的体液学说,将心脏及血液循环视为身体一切状况的根源。这在欧洲产生了深远的影响。

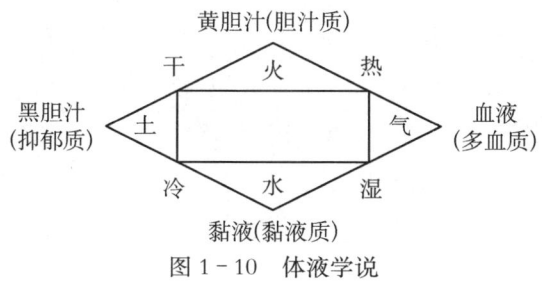

图 1-10　体液学说

由于把人们的思想活动都归因于心,中国古代很早就形成了犯罪的"动机决定论"。公元前 1 世纪时,西汉的儒家学者董仲舒参与朝廷疑难案件的审理,援引儒家的经典,尤其是儒家最重要的经典《春秋》来进行定罪量刑,号为"春秋决狱"。后来的儒家学者总结董仲舒"春秋决狱"的原则就是"论心定罪",就是按照行为人的动机来进行定罪,"志善而违于法者免,志恶而合于法者诛",动机为善良的,即使行为违反了法律也可从轻处理,甚至可以免罪;相反,动机为恶毒的,即使行为合乎法律也要进行处罚。

中篇

情之所兴

1. 与生俱来的情感

情绪、情感也是我们与生俱来的一种能力。汉语中的"情"有很多的含义,甲骨文里还没有找到这个不能具象的字,在商周时期的金文里才有了这个字,由表示"心愿"的 加上表示美好的 ,组成 。公元 2 世纪时的第一本字典《说文解字》里,对"情"的解释是:"人之陰气有欲者。"作者许慎认为"情"字的原意就是欲望。

儒家经典《礼记·礼运》说:"何谓人情? 喜、怒、哀、惧、爱、恶、欲,七者弗学而能。"喜(快乐、愉悦),怒(发怒、气愤),哀(忧伤、悲痛),惧(害怕、担忧),爱(喜欢、钟情),恶(讨厌、憎恨),欲(欲望、追求),这七种情绪和情感是我们天生的能力,不需要后天的学习就能掌握。

七情实际上是哺乳动物尤其是灵长目动物普遍具有的情绪,一百多年前,生物学家达尔文在他的名著《人类和动物的表情》中就总结了人类和动物在情绪表达上的共同之处,指出了人类的很多情绪及其表达方式直接来源于动物,为他的进化论提供另一种证据。

注视　　　　　　　恐惧　　　　　　　高兴

兴奋　　　　　　　发怒　　　　　　　哀号

图 2-1　动物也会表达情绪

当代的脑科学已经能够对大脑内情感的产生进行电化学方面的分析。比如让我们感觉愉悦、高兴的,是大脑内一种称为"多巴胺"的化学成分,它能够以脉冲形式传递大脑内部的信息,让大脑兴奋及开心。而由脑下垂体及丘脑部分分泌的"内啡肽"(也叫安多芬或脑内啡),是类吗啡生物化学合成物激素,它能够制止痛感,产生欣快感。而当动物在发怒、产生攻击性行为时,体内的睾丸酮水平就会急剧提升,肾上腺素也被释放到血液中,收缩血管,紧绷肌肉。这些都是动物在长期的进化过程中形成的生理机制。

2. 人类情感的特点

我们和动物的情感最大的差别在于"爱"和"欲"。

爱使我们能够"心同此情",能够体悟他人的情感,产生强烈的同情与怜悯。爱的情感外延极广,可分为亲情、爱情、友情、热情,可以针对个体,也可以针对群体,可以是具象的,针对特定的对象,比如亲人、爱人、朋友、事业……更可以是抽象的,针对不特定的对象,比如故乡、民族、文化、祖国乃至于全人类……因此人类的"爱"是最复杂的大脑活动,以至于科学家至今也没有办法完全搞清它的激发机制。

当代的脑科学研究只是表明,爱的情绪涉及了最多的人体内部激素的分泌及组合。比如意大利帕维亚大学的研究显示,刚刚坠入爱河中的男女的大脑会发出指令,使人体分泌出一组化学物质,研究人员称这组物质为"爱情荷尔蒙"。这组化学物质包括了已知的七八种体内激素,有起兴奋作用的苯基乙胺,有使人愉悦的多巴胺,有让人感觉满足、安全的后叶催产素,有使人注意力集中、血管收缩、血压升高、不知疲倦的去甲肾上腺素,有让人感觉温暖、亲密、舒适的内啡肽,有能够使人对特定对象激发情感的后叶加压素,如此等等。研究人员认为这组激素使得恋爱中的人相互吸引,虽然它们在人体内一般只能维持大约 6 个月到一年时间,但是它们能够把双方的好感、爱情变成永恒的亲情。

作为一种生命体,最基本的使命就是生存和繁衍,维持生存、繁衍后代就是最大的欲望,而能够满足生存与繁衍需求的行为,就会给动物带来满足感。中国古代思想家告子说"食、色,性也"(《孟子·告子上》),作为生物体,最基本的本能就是通过"食"维持生命,通过"色"来延续生命。食、色就是动物最大的欲望。

可是人类并非如此。人类的欲望外延极广,除了动物都具有的求生欲、繁衍欲,也就是努力生存和繁衍,以及与生存繁衍相关的饮食、温饱、健康、安全、长寿、舒适、情欲等欲望之外,还有更强烈的甚至常常能够抑制前一种欲望的欲望。

比如我们具有极其强烈的求知欲望,总是怀着想要了解、知晓一切事物的猎奇心理,热衷于对一切新鲜、刺激事物的探究。每当我们掌握了新的动作,学到了新的知识,我们的大脑就会自动地产生以多巴胺为主的"快乐激素",让我们获得快感,促使我们不断去探索发现。

人类是高度社会化的动物,只能在群体中才有最大的生存几率。人类相互之间的交流信息的途径远比动物复杂,个体在群体中的地位并不是简单地依靠体力及外在的身体条件,更需要的是智力。由此人类特有的强烈的表现欲、表达欲,促使人类在群体中争强好胜,显示自己优越的智力特性,从而表现出在群体中的独特性、权威性,并获得他人的尊重和服从;同时促使人类想要把自己的见闻、想法、感受等告知别人,并获得他人的认同。当这些欲望得到满足时,我们的大脑也会分泌"快乐激素"来奖励我们,鼓励我们继续努力。

3. 法律的动力

和动物完全不同,人类情感极其强烈,又具有广泛的外延和持之以久的能力。而人类又是高度社会性的动物，情感可以是人类聚集的凝结剂，也有可能成为社会分裂的动因。因此人类社会需要必要的规则来引导我们的情感向着社会的凝聚方向来表达，也就是说，在某种意义上，法律既来源于我们的情感，同时又是为了控制我们的情感。

情感是促进法律形成和发展的动力之一。人类社会制定法律来发展、维护那些能引起我们快乐、喜欢的事物，驱逐那些引发厌恶、让人们恐惧的事物，制定法律来限制人类那无穷无尽的欲望，不让个体欲望的膨胀引发群体内部的冲突。爱让我们的社会有了强大的凝聚力，我们制定法律维护亲情、友情，维护个体成员对所属群体的热爱。

人类的情感这么复杂，对于人类自己创建的法律自然留下了深深的印记。在这本小书里不可能一一说明，我们只是举几个简单的事例，来让读者加深印象。

第五讲　亲情的发挥

上文我们提到的人类有别于动物的情感中最明显的是爱，而亲情又是我们爱的情感中最为持久、最为强烈的。尤其是子女对于父母的爱，被概括为"孝"，成为很多文明古国的法律原则。

一、"天经地义"的孝

世界各个古代文明没有不推崇孝道的，比如犹太教、基督教、伊斯兰教都有孝顺父母的规定。但像中国古代那样，将"孝"作为终极道德观念加以推崇的却是绝无仅有的。儒家经典《孝经》是历代讲究孝道的权威性著作。该书假借孔子的话宣称孝是"德之本也，教之所由生也"。道德伦理的本源就在于孝道。"夫孝，天之经也，地之义也，民之行也。"孝是贯穿于天、地、人这"三才"的永恒真理。

《孝经》为各个不同的社会等级的人们规定了孝的行为规则，规定了孝的不同境界。"身体发肤，受之父母，不敢毁伤，孝至始也。"孝的第一步就是要好好保护父母传下的身体、头发、皮肤，不能任意毁伤。而孝的最高境界，则是"立身行道，扬名于后世，以显父母"，在社会上做出一番事业、获得名声，也就是显示出父母的养育教导的最终收获，使得父母也因此而获得荣耀，"孝之终也"。作为国家，也应该提倡孝道，如古代贤明的君主"以孝治天下"，才能够"得万国之欢心"。

《孝经》认为需要处刑的种种犯罪行为中，"罪莫大于不孝"。因此在中国古代，孝很早就成为一个法律概念。传说早在大禹制定的夏朝的法典《禹刑》里，已经将"不孝"作为最重大的犯罪予以严惩，"罪莫大于不孝"。崇尚法治的秦朝，法律也规定不孝是重罪。秦以后各代统治者往往都会公开宣称本朝"以孝治天下"。

二、百善孝为先

俗谚说"自古忠孝难以两全"，那么忠和孝哪一个更重要呢？

历代朝廷的法律里总是平行来保护忠和孝。比如隋朝以后历代法律里最重大的"十恶"罪名里，谋反（图谋杀害皇帝）、谋大逆（图谋破坏皇室建筑及皇帝权威）、谋叛（图谋叛变）、大不敬（对皇帝不尊敬）是四类保护皇权，也就是保护"忠"的罪名；恶逆（谋杀及殴打尊亲属）、不孝（不服从不供养父母）、不睦（不尊重旁系尊亲属）、内乱（家族内部的乱伦行为）是四类保护家长权，也就是保护"孝"的罪名。平行保护，并列重要，因此一直有人说中国古代皇帝为全国家长，家长为家中皇帝。

从处刑的规定来看，谋反、谋大逆、谋叛、大不敬四类罪名大多要处以死刑，前面的"三谋"之罪，还要连坐亲属，相当严酷。而恶逆、不孝、不睦、内乱四类罪名里，死罪罪名要少很多。

可是仔细分析就会发现，忠君的法律义务主要是"消极义务"，也就是不要去干什么——不反对皇帝，不叛变朝廷，对于平民百姓来说，没有什么需要采取行动维护朝廷的"积极义务"。只有大臣、官吏必须要忠诚尽职——文死谏，武死战。普通百姓除纳税、服劳役外并无明确积极义务。

相反，孝亲的法律义务有着大量的"积极义务"：奉养父母，满足父母的要求，遵从父母教令，父母有罪过时必须要帮助隐瞒，父母去世了必须按照礼教来安葬并为父母守丧，如此等等。因此实际上孝亲的规定比忠君更多。也就是说，法律对于孝亲更为注重。

上文已经说到，儒家学说将"孝"列为一切道德伦理的本源。而民间俗谚也说"百善孝为先"（见于清代《围炉夜话》）。

三、孝道天下

明末清初思想家顾炎武在他的名著《日知录》中更明确地指出，孝道才是"天下"，比国家朝廷更重要。他说"有亡国，有亡天下"，亡国是"易姓改号"，国号变更，皇室姓氏改换。而"亡天下"就是不再讲究孝道，陷入如孟子所说的"率兽食人，人将相食"那样的野蛮世界。

顾炎武举魏晋时期的事例：曹魏末年，司马氏集团专权，"竹林七贤"中的嵇康不愿投靠司马氏，司马昭将嵇康逮捕下狱、公开处死。后来司马炎发动政变建立晋朝统治，派了"竹林七贤"中的山涛，去劝嵇康的儿子嵇绍出来做官。嵇绍对山涛说："司马氏杀了我父亲，我怎么能够去为司马氏做官？"山涛说："你怎么这么想不开？此一时彼一时而已呀。"于是嵇绍真的做了司马氏的大臣，后来成为晋惠帝的近臣侍中。西晋末年发生"八王之乱"，公元304年晋惠帝在"荡阴之战"中被乱兵追击，嵇绍以身遮挡晋惠帝被杀，鲜血溅在晋惠帝的龙袍上。晋惠帝脱险后，左右请晋惠帝更换龙袍，晋惠帝说"有嵇侍中的血在上面"，不愿清洗。嵇绍由此成为历代忠臣典范。顾炎武却批评说，山涛劝说嵇绍忘却父仇是"亡天下"的言论。嵇绍为世仇君主尽忠，也不值得歌颂。他认为魏晋时代的"清谈"抹杀孝道的重要性，就是孟子说的"率兽食人，人将相食"的野蛮时代，清谈就是"亡天下"的祸首。

因此顾炎武总结说，需要尽忠来保护国家的，"其君其臣，肉食者谋之"，在朝廷得到了好处的有头有脸的权贵们有尽忠的义务。而当出现不讲究孝道的"亡天下"局面时，即便是"匹夫之贱"的每个平民百姓都有挺身奋起"保天下"的责任。后来辛亥革命时，革命党人在另一个层面上理解顾炎武这段言论的意思，简化为"天下兴亡，匹夫有责"，把"天下"理解为现代民族国家，从而将顾炎武的"孝道天下"原则改换为爱国主义口号。

四、"仁者爱人"

除了"孝"，孔子毕生还宣传"仁"的理念，而"仁"究竟是什么，他并没有给出一个标准的定义。《论语》是记录孔子言行的一部儒家经典，在这部经典里，有很多是孔子与学生之间的对话，其中学生询问"仁"的就有九次，可是孔子每次的解答都是不同的。概括性最大的一次回答，是学生樊迟问"仁"，孔子回答很简洁："仁者，爱人。"

仁就是从"爱"发展而来，感受到他人对自己的爱，就应该以更大的热情来爱他人。甲骨文中已经有这个字，左边是 ㇏，右边是 二，合而为 ㇏二，寓意为尊重人道，相信人性相通，视人若己，同情包容。《说文解字》解释："仁，亲也。从人，从二。"

提倡人类之爱的古代思想家很多，不过儒家强调的是，爱只能针对特定的对象，而且必须要有"等差"，就是爱应该按照与被爱对象的不同而不同。孔子讲究的是"亲亲、尊尊"，亲属之间要互相亲爱，对于尊亲属尤其要尊重和敬爱。由不同层次的亲人、朋友、邻居、同乡决定不同程度的爱，强调的是亲族之间的宗法关系、社会上的尊卑贵贱有序的等级制度。

战国时代与儒家并列的一个大学派是墨家。墨家提倡天下所有的人应该"兼相爱，交相利"。墨家认为，天下的一切是非善恶，都得用"兼相爱，交相利"这个标准来衡量，并认为，只要天下所有的人都能做到"兼相爱，交相利"，就会建立起彼此互利相爱而又和平稳定的社会秩序。

"兼相爱"，就是不分人我，不别亲疏贵贱，无所差别地爱一切人，也即所有的人普遍地、平等地彼此相爱。所谓"交相利"，就是视对方的利益为自己的利益，所有的人彼此之间应以对对方有利为自己的行为准则，所有的人都应以兴天下之利为己任。与"兼相爱，交相利"相对立的是"别相恶，交相贼"。天下之所以混乱，国与国之间的战争，家与家之间的争斗，人与人之间的怨恨，都起源于"别相恶，交相贼"。犯罪的根源也在于此。比如盗和贼,偷盗者只爱自己的家不爱别人的家,所以就偷盗别人的家使自己的家得利;强贼只爱自身不爱别人,所以就残害别人而使自己得利。因此,如果能做到爱别人的国家像爱自己的国家一样,爱别人的家庭像爱自己的家庭一样,爱别人就像爱自己一样,处处为他国、他家、他人的利益着想,那么各种祸乱怨恨就会消失,天下也就太平了。各种犯罪呢,自然也就不再存在了。

战国时代的儒家思想家孟子,对墨子的"兼爱"学说进行了猛烈的批判。孟子指责说,墨子提倡不分等差的"兼爱",难道他对一个"路人"和对自己父亲的爱是同样的吗?如果认为应该同样去爱的话,那不是将自己的父亲降低到一个没有什么关系的"路人"的水平了吗?那他的父亲算什么呢?孟子由此得出结论,墨子的"兼爱"说是"无父",而鼓吹"无父",就是禽兽。

无论孟子对于墨子的批判有没有道理,反正孟子这段话对于儒家的爱有"等差"的原则阐述得非常明白。儒家认为,我们的爱,就应该像往一个池塘中央投入一颗石子那样,池塘的水面以石子入水的地方为中心,激起一圈又一圈的涟漪,从中央向周围扩散,水波的高度也随着逐渐降低,到了远处几乎就看不出来了。我们的血缘亲属关系就像这样一圈圈的涟漪,以任何一个特定的人为中心,他周围的亲属关系就如同这涟漪一样一圈圈地扩散出去,形成一个个不同的层次。

五、亲属的圈圈

随着儒家思想逐渐被统治者接受,中国古代的血缘亲属关系被确定为这样一圈圈的层次,有着严格的界限。先是礼教,后是法律,以坐标来详细区分每一圈涟漪的位置:在横的坐标上严格区分的是亲和疏的不同层次,在纵的坐标上严格区分的是尊和卑的不同辈分,在相同的层次和辈分上再严格区分长和幼的不同年纪。这种区分的意义不仅仅是在礼仪上或称呼上的象征,而且还具有积极方面的和消极方面的法律后果。每一圈亲属的标志方法也是世界上独一无二的:是按照那一圈亲属去世时你应该为他穿着怎样的丧服来表示你和他的亲属关系处在哪一圈层次上。所以这种亲属关系就称之为"服制",因为主要的亲属被划分为五个圈圈,又叫做"五服"。

丧服起源于因亲属死亡而导致的悲痛欲绝、不修边幅,血缘越近、越是悲痛,着装也就越发粗疏,表示自己为亲人的去世而悲痛欲绝,心里悲痛的同时,皮肤、肠胃等浑身的器官都应该一起受苦。所以为父母之死而穿着的是"斩衰"(斩是不缝衣边,衰音 cuī,是生粗麻布的意思。这种丧服实际上就如同一个剪了一个洞的粗麻袋,套在身上),服丧三年(实为 27 个月)。在这三年里理论上不得工作,只能在父(母)亲坟墓旁搭一窝棚,这叫"庐墓",睡草堆,吃粗米,终日以泪洗面,因悲痛过度,走路只能持"孝杖"或称"哭杖"而行。为祖父、伯叔父、兄弟、子等最近亲属之死而穿着的是"齐衰"(齐即缝衣边,服式稍可整洁),服丧一年。为堂兄弟等近亲属之死而穿着的是"大功"(大功是粗熟麻布制成的丧服。大,即粗;功,指经纬线交织而成的网孔),服丧 9 个月。为再从兄弟等亲属之死而穿着的是"小功"(小,即细),服丧 6 个月。为族兄弟等亲属之死而穿着的是"缌麻"(缌,细麻布。缌麻为疏纤细熟麻布),服丧 3 个月。

与丧服相适应的亲属等级中,最重要的亲属是斩衰亲的父母;其次是齐衰亲(因为服丧一年,因此一般称期亲,其中又分为应持哭杖行走的杖期及不杖期),有直系的尊亲如高祖父、曾祖父、祖父,直系的卑亲如诸子、嫡孙,旁系的尊亲如伯、叔、姑,旁系的平辈如兄弟姊妹,旁系的卑亲如侄子等。斩衰亲和期亲构成法律关系最为紧密的亲属。大功亲包括直系的卑亲亲属如众孙,旁系的尊亲如出嫁的姑母,旁系的平辈如出嫁的姊妹、堂兄弟等。大功亲以上构成法律上的近亲属。小功亲主要包括旁系尊亲的伯叔祖父、祖姑、堂伯叔父等,旁系的平辈如再从兄弟等,旁系的卑亲如堂侄、侄孙等。缌麻亲为法律上的远亲,包括旁系的尊亲如族曾祖父母、堂伯叔父母、族伯叔父母等,旁系的平辈如族兄弟等,旁系的卑亲如再从侄、堂侄孙、曾侄孙,直系的卑亲如曾孙、玄孙。

上述的这些亲属中的女性亲属，如姑、姊妹，一旦出嫁，其亲等就都要降低一级。如嫁后又归宗，仍为原服制。而男性亲属如出继到其他的家族，为本生亲属的服制也都要降低一级。

很明显可以看出，上述的这种亲属关系和本节开头所言的那个涟漪比喻并不十分吻合，服制亲属明显是一圈圈的偏心圆，只偏向父系亲属，号为"本亲""宗亲"；而母系亲属的范围小得可怜，只有两个小圈圈：外祖父母为小功亲，舅父、姨妈为缌麻亲。实际上原来连外祖父母都不过是缌麻亲，是唐太宗坚持下才改为小功亲的。母亲在过去也比父亲要低一级，是齐衰亲，但应服表三年，和斩衰一样长。后来，明太祖把母亲改为斩衰。

六、圈圈的法律后果

法律认定的亲属圈圈自然会带来法律的后果。在中国古代，这些亲属圈圈的法律后果几乎是包罗万象的。

中国古代法律高度重视刑法，服制的法律后果主要也在于刑法。秦汉时期的法定亲属制度还不甚清楚，史书上记载，自晋律开始"准五服以治罪"，以后历代法律对于当事人涉及亲属关系的都是按五服来定罪量刑。总的原则是：侵犯人身的犯罪，以卑犯尊，以幼犯长，由疏至亲逐级加重。比如《唐律》规定，一般斗殴笞四十，但殴缌麻兄姊要罪加四等，处杖一百，小功亲、大功亲逐级各加一等，尊亲属又加一等，殴期亲的兄姊为徒二年半，殴期亲的尊亲属伯叔姑又要加一等，殴父母则是死罪。相反，如果是以尊犯卑、以长犯幼，则由疏至亲逐级减轻。侵犯财产的罪名也是由疏至亲逐级减轻。其立法理由大概是亲属越亲，越应该亲爱尊敬，而竟敢侵犯人身，所以必须严惩；关系越亲，越是应该相互周济，而竟使亲属贫寒为盗，应该有所从宽。另外，如果一家之中有人犯下反对皇帝、背叛朝廷、巫术害人或杀一家三口之类的重大罪行，也要按着服制株连处罚。

在民事方面，亲属的圈圈也有重要意义。比如在服制以内的亲属不得成婚。

虽非亲属，但同姓不得结婚。五服之外的异姓亲属，辈分不同也不能结婚，表兄妹也不能结婚，其中的姑表兄妹不得通婚，但母系的表兄妹在唐宋及清代允许通婚，仅明朝时明太祖认为这是"胡俗"而立法严禁。五服宗亲又有立继的优先权，唐以后的法律都规定无子者可以在同宗的侄辈中挑选嗣子，即使本人已经去世，宗族仍可以为他在上述范围内挑选一个嗣子，继承他的香火和财产。宋元时法律还规定，五服内亲属互有土地房产的先买权，出卖土地房产先要征求服亲意见，亲属不要才可以出卖给外姓。明清时法律上没有这项内容，可是保留至今的很多契约上都有"投请房族，无人承买"的惯语，可见在习惯上亲族的先买权依然存在。

在诉讼方面，首先就是亲属之间要互相包庇隐瞒罪行。《论语》中孔子曾说过"父为子隐，子为父隐，直在其中矣"的话。从西汉宣帝时开始，法律接受了这一原则。可以互相"容隐"的亲属范围逐渐扩大，唐以后大功亲以内的亲属除了反对皇帝和朝廷的"谋反大逆、谋叛"外，其他罪名都可以容隐。小功、缌麻亲容隐可以减罪。亲属之间如告发犯罪，以卑告尊就构成大罪，如果是告发父母，就是不孝，在唐宋时要处死刑，在明清时也是徒三年的"干名犯义"的罪。对于其他尊亲属的告发，在治告发者"干名犯义"之罪的同时，犯罪的尊亲属可以算作自首，得到减免刑罚。而以尊告卑就是替卑亲自首，不负刑事责任。

在行政法方面，亲属的圈圈也有意义。比如任官要回避本籍。亲属不得在同一衙门任官，审判时如与当事人有服制亲属关系也要主动回避等。尤其是子孙可以继承父祖的爵位，或通过"任子"或"荫子"的方式来任官。所谓"一人得道，鸡犬升天""一荣俱荣，一损俱损"，就是这种亲属圈圈的作用。

五服的亲属制度如此复杂，又会导致如此重要的法律后果，确定亲属的等级就是一件非常慎重的事。不要说一般的老百姓，实际上就是官员也不一定能够完全搞清某一特定对象的亲属关系。为此，元明清时代的法典在起首都列有详细的"本宗九族五服正服图"之类的图表，来说明各种称呼亲属在法律意义上的五服等级。即使如此,有时在司法中还要仰仗经学家来解释服制上的问题。

七、服丧的真谛

《论语》中有一段是孔子与学生讨论关于"三年之丧"的问题。

根据孔子总结的西周的"礼",父母死后,儿子应该为父母守丧三年,三年里不进行、不参与喜庆婚嫁活动,也不能做官做事,不能吃荤(有气味的蔬菜)腥(鱼肉之类肉食品)的食物,不能参与也不能聆听乐队演奏,终日穿着用生麻布简单剪裁缝制的丧服,思念父母。更孝顺的,就应该在父母的坟墓旁搭一个草棚,这叫做"庐墓",在草堆里睡上三年。

被孔子认为是自己学生中最能说会道、经常派去办交涉的宰予却对孔子的说法不以为然,他提问道:"三年的丧期也太长了点吧,能够守丧到第二年的就已经不容易了。我听说君子三年不主持礼仪,主持礼仪的水平就会大大下降;三年不弹奏乐器,演奏技能肯定也要荒废。储存的谷子已吃完,新收的谷子开始上市,钻木取火改成了燧石打火,我觉得守丧到第二年也就可以了。"

所谓的"儒",原来就是指主持各类礼仪活动的主持人,孔子的学生"习儒",就是学习各类礼仪的程序、规则、要求。如果按照西周的贵族那样守三年之丧,从事主持人工作确实会有职业危机,应该说宰予讲的也是大实话。

孔子反问宰予:"如果服丧两年后你吃美食、穿锦缎,会觉得安心吗?"宰予应声而答:"安心!"孔子就说:"假如你能够安心,你就那样办吧!君子的守丧,吃好东西不觉滋味,听好音乐也不快乐,住在好地方也觉得不安心,所以才这样刻苦。现在你觉得安心,那你就这样去做吧!"

等到宰予出了门,孔子对其他的学生说:"宰予真是不仁之人呀!人出生要满三年,才能够无需父母的怀抱。所以三年之丧,是天下通行的服丧之礼。宰予对于父母何曾有三年之爱呀?!"

八、泛化的"报"

中国近代著名学者梁启超在他的《中国道德之大原》一文中称"中国一切道德，无不以报恩为动机"。其所举例证即上述《论语》的这个段落。他认为儒家对于孝道的解说大多从对父母的报恩出发，并不夹杂神秘因素。子女为什么必须孝顺父母？就是要回报父母的养育之恩。也就是说，来自于我们情感的亲情被哲理化。儒家的"仁"以孝为核心，那么儒家的"仁"也是以报恩为基础的理论。因此梁启超认为，中国传统文化的真谛就在于"报"。

"报"是中国古代乃至今天民间最能影响人们行为的思想观念之一。和英国普通法中重要的"对价"概念不同，中国传统观念中的"报"的范畴极其宽广，绝非当事人之间简单的、对等的财产交易行为概念，而且并不是由频繁的商品交换所产生的观念。

中国古代"报"的观念首先是人与神鬼、人与自然、人与人之间的相对伦理行为和后果，即所谓的"报应"。"报应"的体现并不由人的意志决定，而是冥冥中的自然或神鬼力量的结果。"报应"不仅是体现在当事人本人，更重要的是会在当事人的子孙后代体现出"报应"。得到"福报"是善事积累的结果，得到"恶报"则是恶事积累的结果。如《周易·坤卦》："积善之家，必有余庆；积不善之家，必有余殃。"所谓"善有善报，恶有恶报，不是不报，时辰未到"的俗谚是最能影响人们行为的观念。佛教传入后，因果轮回的说教和传统的"报应"观念相结合，更在民间根深蒂固。

"报"不仅是宗教意义上的，也影响着伦理观念。如《诗·大雅·抑》"无言不雠，无德不报"之语，也表示这一意思。历史上的有道之君、忠臣义士都得以立祠享祀，或为一方的土地神，或为一城的城隍神，得到人们的供奉，接受民间的祷求，这也是一种报答。人际关系中的"知恩图报"一直是一种广受赞誉的美德，而"忘恩负义"则被认为是最令人齿冷的行为。这种报答、报恩并不具有等价交换的概念,而是从人性角度加以理解和传递的。所谓"士为知己者死""人以义来,我以身许"等的说法就很典型。

具有一定财产交换性质的"报"的观念也很早就形成,如《诗经》中"投我以桃,报之以李""投我以木瓜,报之以琼琚"等著名诗句。但这里桃李、木瓜、琼琚都是具有象征意义的,并非单纯的财产。财产交换意义上的"报"当然也应是促成伦理"五常"之一"信"概念的来源。重诺守信对于民事法律的意义是不言而喻的。不过这些观念往往和上述报应、报答的观念混杂,违背诺言的后果往往被视为是神鬼上的、伦理上的,直接的法律后果倒还在其次。"报"也绝非等价交换,如果真的计算价值,那倒反而会被觉得是违背了"滴水之恩,涌泉相报"的原则。

上述这种复杂的"报"的观念长期没有得到简化,而且"报"的泛化影响了明确的权利、义务概念的形成。事实上权利、义务这两个专用词汇本身都是 19 世纪末才产生的汉语词汇。简单的等价交换的概念在伦理上往往被认为是粗俗的、无礼的,自然也就难以上升为一项基本的法律原则。

九、"不共戴天"

对于仇人必须报复,这也是"报"这一观念的组成部分。儒家经典《礼记·曲礼》主张"父之仇弗与共戴天,兄弟之仇不反兵,交游之仇不同国":父亲被人杀了,儿子就必须一路追杀仇人,直至报仇雪恨为止,决不能和仇人生活在同一片蓝天之下;兄弟被人杀了,就必须随时携带武器,见了仇人就杀,不至于还要回家取兵器;朋友被人杀了,也必须为友复仇,至少不能和仇人在同一个国度。甚至儒家经典还有"父不受诛,子复仇可也",允许向错杀自己父亲的法官报仇。直到今天,中国人在形容某件深仇大恨时,经常会讲"不共戴天之仇"这句话。

允许受害人的家属在法律之外自行杀死仇人,是很多文明古国法律的特色。在古代欧洲及其他的一些地方,法律允许受害人的家属自行复仇,血亲复仇,冤冤相报。早期的法律只是指出另一种选择:也可以使用接受赔偿的办法来了结恩怨。正如欧洲中世纪的法谚"要么接受长矛,要么收买长矛"所表明的,当事人有权加以选择。欧洲的一些主要国家是在文艺复兴后才确立国家刑罚的观念,对于杀伤案件给予严厉的刑罚处罚,过失伤害则作为损害赔偿处理。

中国早期的法律或许也是允许私人复仇的,儒家经典《周礼》称西周时,朝廷司寇处有一个叫"朝士"的机构,如果自己的父兄为人所杀,就可以到这个机构登记仇人的姓名,以后就可以杀死仇人而无罪。在朝廷的司徒处又有一个"调人"的机构,凡发生杀伤行为,就要把仇人互相调开来"避仇"。不愿离开的就要抓起来,防止冤冤相报。已经发生了复仇,就以一次为限,不许双方再行复仇,导致仇杀不已。在春秋时期,复仇的故事层出不穷,最著名的如伍子胥因为父兄被楚平王冤杀,逃亡到吴国,处心积虑,为吴国练兵,最后指挥吴国大军攻入楚国,尽管当时楚平王已经死了,伍子胥依然把楚平王尸体挖出来,鞭尸三百以报仇雪恨。直到战国时代,复仇仍然是社会普遍现象,孟子曾说:杀人父亲的,自己的父亲终究会被人杀死;杀人兄弟的,自己的兄弟也终究会被人杀死。可见当时社会复仇风气之盛。一般都认为上述的那些儒家经典成书于春秋战国乱世,或许也遗留着当时法律的痕迹。

十、法律与舆论的冲突

不过在强调国家刑罚的法家看来,私人之间的复仇是影响统治秩序的大罪,要予以严惩。商鞅入秦,实践法家理论,史称以后秦国民俗"勇于公战,怯于私斗",大约已开始禁止私人的复仇,而且复仇的风气也已有所收敛。韩非指责当时社会上的"五蠹"之一,就是"立节操"而带剑的侠客,"侠以武乱禁",替人复仇,破坏法制。后来的荆轲刺杀秦王失败,被秦王杀死,荆轲的朋友高渐离为友复仇,又潜入秦国行刺,真是证实了韩非的说法。

秦汉的法律都禁止私人复仇,可是社会上复仇的风气并没有完全消失。到了汉代又开始兴起,东汉初年的政论家桓谭曾上奏说:现在有了杀伤的事情发生,尽管罪人已经伏法,可是孝子贤孙为了表示孝顺,依然向罪人的家属私相复仇,结下更深的仇怨，彼此相杀不已，以至于死绝几千家。他请求皇帝下诏，重申旧有的法律，严禁私人复仇。可是东汉时儒家思想大为流行，既然儒家的经典中有这样的复仇几大原则，不少人就身体力行，出现了一些轰动一时、引起剧烈争论的复仇案件。最著名的有以下几件：

就在桓谭上奏的同时，汝南郡（治所在今河南上蔡）就发生了一起复仇大案。当地有个名叫郅郓的名士，他有个朋友董子张，父、叔都被当地的一个恶霸杀死，董子张自己又得了重病，卧床不起。郅郓前去探望，董子张已经说不出话，只是望着郅郓流泪。郅郓说："我知道你是为不能手刃仇人而难过，你健康时，我不能代你动手复仇，现在你将去世，我定会为你复仇。"郅郓派了自己的亲信伏击那个恶霸，砍下恶霸的脑袋给董子张看，董子张这才瞑目而亡。郅郓自己来到县衙自首，县令深深敬佩郅郓为友复仇的壮举，有意不出庭审案。郅郓就站在大堂上高声呼喊："为友报仇，是我的私事；奉法不阿，是君的职责，我绝不逃走连累你！"他自己到监狱里把自己关起来。那县令光着脚从内室里冲出来，拿一把刀威胁郅郓："你要是不逃走的话，我马上就自杀！"郅郓这才离开。后来这案件竟然不了了之。

更轰动的是公元179年发生的酒泉赵娥复仇案。赵娥的父亲被同县的恶霸李寿杀死，三个兄弟又同时死于瘟疫。赵娥自己出嫁到了邻县。李寿知道赵家已经绝后，大宴宾客，说自己可以高枕无忧了。赵娥听说后，悲愤交加，买了一把快刀，天天磨刀不止。旁人劝她说："你一个弱女子，怎么能杀得了恶霸？"她说："父母之仇不同天地共日月，仇人不死，我活着有什么意义？怎么能请他人帮忙？"她不顾家庭，潜回家乡，一天趁着李寿骑马出行，突然上前拦截，李寿的马受惊，把李寿摔了下来，赵娥扑上去举刀猛砍，不料刀砍在树枝上断成了两截。她就抽出李寿的佩刀砍下李寿的脑袋，然后走到县衙去投案。县令尹嘉听了事情经过，感动不已，竟然当场解下印绶，表示辞职不干了，要帮助赵娥逃走。赵娥却说："报仇身死是我的责任，我怎么可以贪生怕死破坏法律呢？！"接任的县尉也不想受理此案，有意拖延。赵娥却说："破坏法律、逃避死罪不是我的本意，现在仇人已死，我请求按照法律处治我,以维持国法!"县尉把赵娥接到自己家中住下,将此案上报郡守。酒泉郡守和凉州刺史联名向朝廷上奏,请求宽免赵娥的死罪。不久皇帝发布大赦,赵娥免罪。当地官府为她树碑立传,表彰为孝女。

十一、走过了马鞍形的法律

这种复仇的舆论和法律发生严重冲突,造成了执法的困难。为解决矛盾,东汉时曾一度发布"轻侮法",允许向侮辱、欺负自己长辈的恶徒复仇。但不久就废除了这个法令。后来的三国两晋南北朝时期,采取的主要办法是试图用严刑威吓禁止复仇,如魏文帝等曾下令用族诛连坐的酷法来惩治私相复仇。北魏时则更加重到连帮助复仇的邻里也要处死。唐宋时就法律而言也是同样严厉,但在实践上一般允许将这种复仇杀人案件上奏,由朝廷大臣讨论,并经过皇帝批准裁决。只是每次都作为个案处理,不得援引。

最后有条件地恢复,允许复仇的是元朝。元朝法律明确规定:父亲被杀,儿子复仇杀死仇人者无罪,仇人之家还得拿出 50 两烧埋银赔给复仇者。明清的法律在元朝法律的基础上略加修改,有条件地允许复仇。规定祖父母、父母被杀,子孙当场杀死凶手无罪,事后再杀,处杖六十(打六十下屁股)。如果杀人者已经被审判,但因为大赦而未被处死,子孙就不得复仇,如果杀死仇人,复仇者要杖一百,流三千里(流放到距离家乡三千里以外的地方安置居住)。

在间隔了一千几百年后,法律又有条件地允许私人复仇。中国法律在这方面的发展就这样走了一个很大的马鞍形。和欧洲不同的是,中国从不允许被害人家属和仇人私下和解,尤其禁止收受赔偿。这样一来,向损害赔偿发展的道路就被堵死了。无论是故意杀人还是过失伤人,甚至是意外事故,只要是造成了死亡后果,行为人就要承担死刑责任,或者是被对方的孝子贤孙们追杀。这个"不共戴天之仇"或者是法律来代表被害人来报,或者是子孙们自行来报,反正冤有头、债有主,总是要有一死。

第六讲　左行右行

由爱而生的"孝"是中国传统文化的重要核心。不过在世界法制史上，也有一种情况，是立法时出于某种憎恶的情绪，而导致出现偏差。比如我们现在大部分国家采用的是车辆靠右行驶规则。

一、右行规则的悖论

在本书开头部分，我们讲了坐车的规则，以及具有法规性质的有关楼梯转向的建筑标准、队列行走的规则、飞机制造标准中舱门以及通道的设置、加工图纸的标准等等，都是顺应了人类的本能，是一种科学的理性的分析结果。

那么我们是否已经可以得出结论，我们的法律法规，尤其是与技术有关的制度规范，都是一种理性的产物，是科学分析的结果呢？

答案却并不一定如此。

比如我们交通法规的规定，就与上述的左转本能存在着冲突。大家都知道，我们国家的交通法规规定，路上的车辆应该靠右行驶。可是当在路上发生紧急情况时，司机往往会下意识地往左打方向盘，结果就有可能冲到对面的车道上，与迎面而来的车辆相撞，发生严重事故。

二、左行的起源

靠左行走的起源很早，这与骑马的习惯有关。人们一般都是从马的左侧上马，这样侧身上马后可以顺势向左转体坐稳马鞍。能够从两面上马，自古就是骑术高强的象征，普通人都只能从左侧上马。中世纪的欧洲，骑士骑马习惯是左脚先上镫，右脚再跨上，自然就习惯在路的左边行走。再者，骑士左行就能够使对面来者都处在自己的刀剑之下。因此靠左行走成为惯例。1300 年罗马教皇朴尼法斯八世在举行基督教千年大庆纪念时声明：条条大路通罗马，朝圣罗马须靠左走。

15 世纪，英国海军规定泰晤士河的船舶都靠左侧河道通行，因为遇到紧急情况，舵手往往下意识地打左满舵，左侧河道行船，万一发生事故船舶左转只是冲岸搁浅，而不至于堵塞中央航道。到 1756 年，英国议会通过伦敦桥交通法，要求所有车辆靠左行。英国的左行法规后来被带到大英帝国"日不落帝国"的所有殖民地。目前世界左行国家有 66 个，除了日本以外，几乎都是前英国的殖民地。

图 2-2 "毛泽东号"机车

实际上英国发明的火车上也留有左行的痕迹,双线铁道线是左行的,蒸汽机车上司机的座位是靠左的,便于司机向左探身观察前方。后来的内燃机车、电力机车基本上沿袭了司机座位靠左的设置,直到今天的高铁,司机驾驶座才改到中央位置。自行车也是英国人发明的,也是从左侧上下车,撑架在左侧,适合于靠左行驶、靠左停车。

三、右行的起源

很多人认为,右行是在北美殖民地发展起来的。到达北美的欧洲殖民者已经普遍开始使用火枪,左手持枪、右手扣动扳机,右行可使来者都处在自己的枪口前方,便于在环境险恶的荒野安全出行,由此形成右行习惯。可是右行最直接的原因,却是18世纪的美国革命。北美十三个殖民地脱离英国独立后,为表示与英国的决裂,立法规定车辆全部右行。

18世纪末发生的法国大革命,也因为原来法国贵族的马车习惯左行,贵族骑马也是左行。在受尽压迫的底层人民看来,左行就意味着贵族和特权。相反,右行就带有革命的意义。于是,法国大革命时规定车辆右行。拿破仑上台后,发动征服欧洲的战争。拿破仑占领了哪里,就把右行规则带到哪里,如德国、意大利、西班牙、比利时等。

法国和美国是19~20世纪两大洲大陆地区的霸主,因其最先规定右行规则,弄得大陆国家都要跟这两个大国接轨,也就使得车辆右行的规则遍布两块大陆。比如加拿大原来按照英国规则是左行国家,后来为了方便与美国的交流,也改成右行。

在我国古代,西周时曾规定"男右女左,车从中央"的通行规则。到汉代,长安实行"右入左出"的右侧通行制,以后为历代衙门的通行规则。古代的衙门之类的政府机关总是坐北朝南,大门开在南面。按照衙门的级别,大门的开间(建筑正立面两根柱子之间的空间为一个开间,四根柱子就是三开间,六根柱子就是五开间)

总是按照单数三、五、七逐级递升。按照衙门的规矩,大门正中的那个开间平时是不能通行的,留待上级长官视察时才能打开供长官行走。按照太阳"东升西落"的运行模式,平时打开的只是东侧的门洞,供衙门工作人员及他人出入。很自然地,朝北的情况下,右手边是入口,进入衙门建筑群后,很自然地也就是靠右行走了。但对于公共道路通行,中国历代并没有明确的规定。到了近代,各通商口岸因受英国影响,上海、天津等城市都曾规定道路左行。1934 年《陆上交通管理规则》将左行确定为全国道路通行规则。但在抗战时期,不少右行的美国汽车进入中国,因此中华民国政府修改了道路通行法,规定从 1946 年元旦起改为右行。

四、源自于憎恶情感的规则

我们简单地回顾了道路通行规则的演变后,就会发现,实际上右行规则很大程度上并不是一种出于理性的、科学分析的结果,而是出于当时美国人民及法国人民对于贵族主导的旧秩序的一种普遍的憎恶情感。

我们人类虽然号称是地球上唯一具有理性的动物,但是我们在作出重大决定的时候,往往依据的并不是我们的理性,而是情感。最明显的例证,就是我们在择偶的时候,依据的是我们的情感,也就是千百年来被无数的诗人、音乐家、小说家、戏剧家歌颂的最伟大的爱情,很少有人会像生物学家达尔文那样,在考虑与表姐结婚的时候,特意开列出一张结婚的利弊表,逐一比较结婚对于自己生活的有利之处、不利之处,只有在最后得利的项目远超过不利项目后,才慎重写下结论:结婚!结婚!结婚!

更容易主导我们作出决定的情感,尤其是在社会发生冲突、大变革的时代,往往是由憎恶发展而来的仇恨。仇恨使人丧失理智,不再愿意进行复杂的思考,只愿意简单的"一刀切",一切都剩下了主观判断的"对"和"错"两大阵营。在美国革命和法国大革命的年代,对英国、对贵族的憎恶代替了冷静的思考,凡是敌人反对的就要拥护,凡是敌人拥护的就要反对,结果在道路通行规则上也遵循了情绪主导。

　　当然,在 18 世纪作出这样的通行规则的时候,右行和左行的利弊并不是很明显。直到 20 世纪,人类进入了高速行驶的时代,右行固有的危险性才逐渐显示出来。当然,现在右行国家要改过来左行,道路设施、各种车辆的标准都要大规模改变,就要付出巨大的社会成本,没有了可行性。好在可以预见的将来,很可能自动驾驶汽车将会大规模普及,电脑将会代替我们开车。因此我们不必再去改动通行规则,毕竟电脑适应规则会更方便。

第七讲　不同的酒法

酒是谷物或者水果发酵后形成的,酒喝下去后,会使人飘飘然,产生莫名的兴奋,给人神奇的感觉。世界各个古代文明都在很早的时候就形成酿酒、饮酒的文化,而对于酒业的管控制度,也是各有特色。对比最为强烈的,是中国古代的酒法和 20 世纪美国的禁酒法。

一、历史上最早的酒法

西周初期,周公摄政,分封自己的弟弟姬封为卫侯,在原来商族部落活动中心区域建立起卫国。周公担心商朝统治者酗酒无度、骄奢淫逸的风气会影响到卫国,特意做了《酒诰》,告诫姬封,要制止酗酒风气,有聚集"群饮"的国民,就要抓捕,送到周公这里来,处以死刑。

这个《酒诰》记载在儒家经典《尚书》中,周公摄政时期大约是在公元前 1100 年前后,可以说这大概是人类历史上最早的酒法了。而且从《酒诰》颁布后,"无故群饮"(中国古代法律定义"群"就是指三人以上)一直到秦汉时期都是传统罪名,足足施行了一千多年。比如按照汉朝法律规定,无故群饮者,处以"罚金四两"的刑罚。

无故不得群饮,那么什么才是"有故"、可以"群饮"呢? 除了一些重大的节日,比如乡村祭祀土地神、谷物神的"社日"，以及家族祭祀祖先、结婚之类的礼仪之外，要大家一起开怀畅饮，就必须等待朝廷的特别开恩。公元前222年，秦王为了庆祝吞并韩、魏、燕等国，下令全国"大酺五日"。《史记·正义》解释"大酺"："天下欢乐大饮酒也。"这种允许百姓聚众饮酒的"大酺令"，在两汉时期共发布过14次。以后各代虽然不再严厉禁止"群饮"，但习惯上仍会发布"大酺令"，从三国到清朝，一共发布过83次。

还有一种合法聚众饮酒的机会，就是朝廷"赐百户牛酒"。据《史记·封禅书》注的说法，"赐百户牛酒"是赐予百姓每百户牛一头、酒十石。按照汉朝时上千万户的户数来看，朝廷要拿出几十万头牛来赏赐给百姓似乎是不大可能，最有可能的是允许百姓每百户屠宰一头牛、酿造十石酒，举行会餐。中国古代法律严禁屠牛，所以允许百姓吃食牛肉和饮酒就被视为恩典。仅据《汉书》统计，在西汉时期这样的恩典就有27次。

二、"禁沽"与"榷沽"

中国历代都重视农业，酿酒要耗费粮食，因此在灾荒年间，朝廷往往会下令禁止酒类买卖一段时期。最早发布这种"禁沽令"（沽，就是卖酒的意思）的，是西汉景帝统治时期（公元前157～前141），因灾荒下令禁止酒类买卖4年。以后历代都有这样的临时禁令，据历代正史记载，一共曾发布过45次。

酿酒业有丰厚的利润，这也很早就引起了朝廷的注意。西汉武帝天汉三年（公元前98年），汉武帝下令"榷沽"。榷就是独木桥，"榷沽"就是朝廷独占卖酒利益的意思。这项法令规定每个地区只能设立官府的酒坊，生产和销售酒类，私人一律不得从事酒类产销。这次榷沽实行了17年，在汉武帝去世后解除。

以后各朝代每当发生财政困难，就时不时会采取这样的酒类专卖政策，希望能够通过政府垄断酒的产销，独占酒业的利润。西汉末年的王莽统治时期、唐朝"安史之乱"之后都曾进行过类似的"榷沽"。而两宋时期连续不断地实施了三百多年的"榷沽",实施了各类朝廷增收的措施,比如允许私人承包官府酒坊、垄断一地酒类买卖的"买扑法",允许私人租赁官府酒坊设备酿酒出卖的"隔槽法",如此等等,花样百出,为朝廷提供了大量的收入,尤其南宋时成为朝廷财政的主要支柱之一。与南宋对峙的金、元政权也曾仿照南宋实行"榷沽",但元朝统一江南后宣布全面废除"榷沽",明清时期不再有这样的举措。

以上我们简单回顾了中国历史上的酒法,可以看到,中国古代酒法主要考虑到酗酒对社会的危害性,酿酒对粮食的耗费,以及酒作为礼仪必需品,具有广泛的市场,政府可以通过酒类专卖来增加财政收入这样三个因素,灵活地加以调剂,完全出自于冷静的、理性的分析。

可是在 20 世纪初的美国,却曾经出于厌恶的情绪,立法禁止所有的饮酒行为。这就是美国近代史上著名的"禁酒法"。

三、美国的清教徒传统

"清教徒"(Puritan)是 16 世纪时英国的一个基督教派。这个教派反对当时英国的国家教会(圣公会),认为教会污浊不堪,所以需要清洁。他们认为《圣经》才是教徒唯一的、最高的权威,任何教会或个人都不能成为解释者和维护者。教徒可以通过互相的讨论和启发来获得真理。教徒活着的时候要过清贫朴素的生活,尽力工作,"成事在神,谋事在人",不能有过多的欲望。这样死后才能成为上帝选择的"选民",可以上天堂。

由于遭遇到英国国家教会以及政府的压迫,很多清教徒移民北美,希望在新大陆实现自己的理想。1620 年,102 名清教徒乘坐"五月花号"到达美洲的普利茅斯建立殖民地,成为新大陆的第一批来自英国的移民,他们在旅途中签署的《五月花号公约》成为了未来《独立宣言》的蓝本。

和世界各个古代文明一样,原来的犹太教的《旧约全书》里也是把酒作为祭祀神灵的主要祭品之一,除了斋戒时,教徒可以饮酒,只是不可酗酒。"酒能使人亵

慢,浓酒使人喧嚷。凡因酒错误的,就无智慧。"(《箴言》)

基督教的《新约全书》讲耶稣所行的头一件神迹,是在加利利的迦拿将清水变成酒供人们饮用,从而赢得门徒的崇敬(《约翰福音》),而且有人说耶稣是"贪食好酒的人"(《路加福音》)。但是有更多的内容是将"醉酒、荒宴、群饮"与偷窃、贪婪、辱骂、勒索、拜偶像、邪术、仇恨、竞争、忌恨、恼怒、结党、纷争、异端之类的罪恶并列,"酒能使人放荡"(《以弗所书》)。

《旧约全书·创世记》里有罗得的两个女儿乘父亲醉酒而使自己受孕的故事,清教徒因此认为醉酒是使人犯下乱伦罪恶的原因。清教徒最信奉的是《新约全书》,他们出于对腐败的教会以及朝廷的痛恨,也就将饮酒作为深恶痛绝的罪恶象征。

四、对酒的"圣战"

北美的英国殖民地主要被清教徒控制,最后发动独立战争的也主要是清教徒,因此美国独立以后清教徒具有很大的政治势力。美国独立后,尤其是南北战争后,大量的欧洲、亚洲、非洲不同宗教信仰的移民进入美国,酒业迅速发展起来。饮酒的风气也越来越盛,饮酒逐渐开始带来大量社会问题。

清教徒本身对于饮酒的憎恶,在新的形势下,逐渐形成了禁酒运动。19世纪初最早由牧师、医生发起各类禁酒组织。1826年,清教徒组成了美国禁酒会。

直接推动禁酒立法活动的却是美国的妇女界。妇女常常成为酒鬼的无辜受害者,酗酒也经常引发家庭暴力。当时的报纸标题写道:"10名酗酒者中,3名殴打妻子,1名涉嫌毒害妻子,2名放火,1名虐待父母。"

19世纪40年代美国妇女大批加入禁酒运动,组成了"禁酒之女"等社会组织。并从倡导家庭禁酒,逐步走向街头。1873～1874年,发生了一场妇女自发的"圣战运动"。圣诞节期间,妇女禁酒团体开始组织妇女在酒馆外集体朗诵《圣经》,有的地方甚至出现了砸酒桶等过激行为。在三个月内,据说"圣战"就使得250个城镇消除了酒类贸易。

"圣战"运动动员更多的妇女加入到禁酒运动中来,31 个州的 912 个社区都出现了禁酒活动,直接导致随后的基督教妇女禁酒联合会成立。到世纪之交时,其成员达 17.6 万人,成为这一时期美国最大的妇女组织。

五、从劝诫到立法

美国著名作家马克·吐温的小说《镀金时代》,形象地展现了 19 世纪末实现了工业化的美国,社会变迁剧烈,贫富差距显著,财富支配权力,贪腐现象滋生,拜金狂热流行。原来自诩清教徒的统治者忧心忡忡。由此兴起了以中产阶级为主导的进步主义运动,要求加强政府在社会经济活动中的监管,以促进社会的进步。由此美国各州以及联邦议会制定了很多道德立法、社会立法和管制立法。

既然很早就存在对饮酒的憎恶,进步主义运动自然也就包含了禁酒运动。1895 年,反酒馆联盟成立,逐步成为禁酒运动的领导组织,上述基督教妇女禁酒联合会也成为其同盟组织。政界也出现了禁酒党,成为与传统的共和、民主两党并列的党派。妇女推动的禁酒运动与进步主义政治运动相结合,形成了强大的呼吁禁酒立法的政治势力。1905 年时,有 3 个州宣告酒类的销售为非法行为,1912 年增加到 9 个,到 1916 年时,48 个州里已经有 26 个州禁止酒类买卖。

1917 年,美国对德国宣战,正式加入第一次世界大战。这为全国性的禁酒法提供机会。一方面酿酒需要粮食,而参战需要大量的军粮。另一方面,当时美国很多酿酒师都是来自于德国侨民,酿酒厂也大多是由德国侨民开设的,现在德国人都成了敌侨,剥夺酒商生意的阻力减小了很多。

六、宪法第 18 号修正案

不过按照美国法律体系,要禁酒就要将卖酒规定为犯罪,而美国并没有全国性的刑法典,要实现全国禁酒,需要修改宪法,将卖酒定为犯罪行为,这样联邦司法系统才能进行执法。因此在共和党和禁酒党的推动下,美国国会在 1919 年 1 月

16日通过了美国第18宪法修正案。而按照宪法规定,宪法修正案还需要全国三分之二以上的州议会表决通过才能生效。

经过各州议会的表决,1920年1月17日凌晨零点第18宪法修正案正式开始生效。在这之前,美国国会在1919年10月28日通过"沃尔斯泰德法"作为联邦禁酒的单行法规,授权联邦设置禁酒探员作为执法人员。

根据禁酒法的规定,凡是制造、售卖乃至于运输酒精含量超过0.5%以上的饮料皆属违法行为。自己在家里喝酒不算犯法,但与朋友共饮或举行酒宴则属违法,最高可被罚款1000美元及监禁半年。含有酒精(含量未超过0.5%)的饮料,也只有年满21岁以上的人才能购买,购买者应该出示年龄证明。

图2-3 禁酒法实施后,人们在倾倒葡萄酒

七、挡不住的欲望

饮酒是人类历史悠久的饮食习惯,掌握社会话语权的清教徒以道德理由全面禁止,出于憎恶情感而将酿酒、卖酒、运酒都设立为犯罪,具有"强人所难"的性质,无法使社会大众接受。

当立法没有办法让社会大众接受,法律禁止的又对很多人来说是生活的必需品,那么被法律打入非法领域的交易就会脱离法律的轨道,开始普遍出现"上有政策,下有对策"的情形。

法律没有办法禁止家庭酿酒,也没有办法禁止个人在家庭饮酒。禁酒法实施前,私人合法存储的酒也没有办法充公。而且为了满足天主教和圣公会的圣餐礼需要,政府设立了公卖局,收购并向教堂供应葡萄酒。因此禁酒法没有办法根绝美国社会上的酒类。酒商也会打一些法律的擦边球,比如生产酒精度刚好在法定0.5%限制之下的"淡啤酒",配上说明书,暗示只要经过简单的家庭厨房加工,就可以获得酒精度适合需求的啤酒。或者以满足犹太教礼仪需要为理由,生产干麦芽、啤酒花、蛇麻子之类的酿酒原料,适合家庭加工成酒。还有的是售卖"浓缩葡萄汁""葡萄砖",用二三十天就可以自行发酵成葡萄酒。而在医院,高酒精度的酒可以被医生作为医用酒精处方开给病人,虽然处方上有明确标注,所有除医疗之外的用途都是违法的,但实际上并没有专门的部门对此进行监管。

当有着广泛市场需求的行业在正规市场被禁止后,必然就出现"黑市"。虽然酒的贩卖已是非法,可是迅速出现了开设在私人家庭、私人场所的地下酒吧,认识的熟客、有熟客私下介绍的顾客,可以进入畅饮,警察没有证据就没有办法申请到搜查证,没有办法进入"私人空间"来执法。美国有漫长的边境线和海岸线,从加拿大、墨西哥以及东西海岸到美国的酒类走私活动迅速发展起来。走私活动是违法的,需要法律之外的保护,酒类走私、私人酒吧都需要保镖,黑社会势力也就随之而起,逐渐成为大规模暴力集团。甚至于一战期间美国发明却没有用于战场的汤姆逊冲锋枪,被黑帮大量购买,成为黑帮武装的"标配"。

八、事与愿违

禁酒法实施时间一长,局势变得越来越荒唐。原本想要通过禁酒提升国民的健康水平,却有越来越多的人因为喝品质低劣的私酿酒进了医院;原本想要降低犯罪率,却成了有组织犯罪的诱因,黑帮势力兴起;原本想要控制政治腐败现象,结果却是更多的官员、政客与黑帮勾结;原本想要提升国民的道德水平,结果却是国民普遍或明或暗地规避法律,从事违法的行为,各州监狱人满为患。有的社会学家统计数据表明,禁酒时期的酒精消费竟然远远超过了禁酒之前。

禁酒法一个内在的固有矛盾是,禁酒将公共权力深入到私人生活领域,而这违背了美国宪法最重要的精神:对公民个人权利和自由的尊重。在禁酒的执法过程中,搜查的尺度越来越难以把握,发展到后期,已有越来越多的人,甚至最初主张禁酒的主力人群,也就是清教徒群体,都开始感到人权在这段时期受到了极大的威胁。

禁酒前,美国各州政府通过严格管制酒业,征收特别的酒类税,估计酒税的总收入每年有五亿美元之多。禁酒不仅使政府失去了巨额的财政收入,而且还需要支付禁酒的巨额支出,禁酒变成了一件不折不扣的赔本买卖。

九、用修正案废除修正案

1929 年美国爆发经济危机,并迅速波及世界各个经济体。美国经济跌入谷底,大量企业破产,大批工人失业,而且几年内经济形势毫无起色,社会情绪处在持续的恐惧状态,上百万失去了工作的流浪者在全国漫无目的地流浪。

在美国禁酒法实施满十年的时候,原来的清教徒理想在困窘的经济形势面前显得苍白无力,不再能够吸引政界的注意力。相反,讲究实际的政客们开始将废除禁酒法作为争取选票的政治口号。很多穷途潦倒的美国人希望能够自由地借酒浇愁,缓解紧张忧虑的心情。企业界希望能够重启酿酒业、售酒业,刺激经济复苏。

1932 年民主党总统候选人富兰克林·罗斯福,公开把开放酒禁作为自己的竞选纲领之一,果然获得了政界的支持,赢得了选票,顺利当选为美国第 32 任总统。罗斯福在宣誓就职后,立即推动美国国会通过宪法第二十一条修正案,用以废除禁酒的第十八条修正案。并将酒类的管制权力下放给各州。第二年这条修正案就得到了三分之二州议会的批准而生效,这样美国全国性的禁酒至此结束。

虽然禁酒法在美国已成为了历史,但美国却从来没有放松对酒类的管制。在第二十一条宪法修正案宣布废除禁酒法的同时,也赋予了各州政府独立对酒类流通进行立法的权力。直到今天,美国各州对酒的销售与运输都有着十分严格和详尽的规定。酒类的"三级分销体系"和直邮售卖限制法就是禁酒时期之后的直接产物。除此之外,美国对酒类零售执照的发放管理也十分严格,而消费者在买酒时还需要出示有效的身份证件,必须证明已经年满十八岁以上。

美国禁酒的这段历史告诉我们,出于对于某些不理想状况的憎恶,试图追求更美好、更能体现道德高标准的社会愿景,往往会事与愿违。强烈的情绪化的立法,无法得到社会大众的认同,会遭遇巨大的实施阻力,并且会导致原来所憎恶的现象以更大的规模、更大的破坏力而泛滥,引发更大的社会冲突,甚至形成社会危机。

第八讲　"法本原情"

在中国汉语里,情是一个多义字。尤其在司法领域里,"情"被赋予了种种的含义,来表达司法的原则所在。历史上有所谓的"法本原情"的说法。各代司法审判要按"情"来处断的言论不胜枚举。比如明代法律往往附有一首"金科一诚赋",作为提醒司法者的注意事项。起首两句就是:"玉律原情介,金科慎诚解。"按照清代律学家王明德《读律佩觿》的解说,这首句"原情"二字为全赋,乃至全律之纲,次句"慎诚"二字为"原情之主脑"。显然"情"的主要性已被放到了"法"之上,被认为是用法的根本原则了。

古代司法上理解的"情",主要意思仍然是从情感扩展而来,转变为理解、谅解人之常情的意思。不过这也有一个演变的过程。

一、"必以情"

在现在能够看到的古代文献里,司法上使用"情"这个字,开始于春秋时代,而所指的意思是指案件的事实、情节。

中学语文传统教材里一般都会收入"曹刿论战"故事。这个故事出自《左传·庄公十年》,说的是公元前 684 年齐国与鲁国的"长勺之战"。鲁国平民曹刿求见国君鲁庄公,问鲁庄公"凭什么和齐国作战",鲁庄公先是说,自己将养生的衣食之类的东西分给下属共同享用。曹刿说："这只是小恩小惠，不能遍及百姓，百姓是不会跟从您的。"鲁庄公又说自己很诚实地向神灵祈祷，祭祀用的牛羊、玉帛之类，都用最好的。曹刿说："这只是小信用，还不能使神信任您，神还是不会保佑您的。"鲁庄公最后说："我在审理案件时，对于大大小小的诉讼案件，我虽不能一一明察，'必以情'。"曹刿这才认可，说："这是国君忠于职守的一种表现，可以凭这个条件打一仗。"

大多数儒家经典的注释者都认为这里的"情"是实情、情节的意思，鲁庄公说的自己审判原则是依据事实，实事求是，而曹刿认定这才是最重要的能够打胜仗的因素。

以后很长一段时间里，司法领域里的"情"仍然是实情、情节的意思。"狱贵情断"的说法很早就出现了。在东晋的时候，江州都督刘毅有一次出巡时，被一个小吏发射的箭矢误中，虽然没有受伤，但按当时法律，射击都督、大将要处死刑。何承天上言："狱贵情断，疑则从轻。"是说这个小吏只是为了射鸟，不是有意要射人，误中都督，原告应按照过误伤人三岁刑的法律进行处理，不应援引射击都督未遂的法条。况且都督并未受伤（《南史·何承天传》）。他的意见得到采纳，改判为徒刑。这里的"情"也是情节的意思。

敦煌、吐鲁番出土的唐代法律文书中也常常有"论法法不可容，论情情实难恕"的惯用语，这里的"情"也是情节的意思，就像今天依然经常说的"情节恶劣"一样。南宋郑克编写的历代法官审判经验汇编《折狱龟鉴》一书，专门列有"鞫情"一门，就是如何在审讯中获得实情的意思。

二、"律设大法，礼顺人情"

不过用于法律理论上或用在司法判决上的"情"，一般指的是"人情"。

司法上"人情"的说法出现得也很早。东汉时有个著名的儒家学者卓茂，他担任密县县令时，县里有个百姓来告发亭长（大致相当于今天派出所所长的治安官员)收受了他送的猪肉等礼物。卓茂听了,把他叫到一边,问:"这些东西是亭长勒索你的吗?"那人说没有。卓茂又问:"你是因为有事情求他,才送给他礼品的吗?"那人也说不是。于是卓茂很不以为然地说:"礼尚往来,年节馈赠,互通有无,这不是挺好的吗? 这有什么好告的呢?"那人说:"法律不是严厉禁止官吏收受下属百姓的礼物吗?"卓茂笑道:"律设大法,礼顺人情。要是都严格按法律处理,那就先得治你的行贿罪了。"(《后汉书·卓茂传》)

"人情"一词原来用以指人类具有的共同的情感,所谓"人之常情"。战国时期的思想家荀子曾说:"人之情,食欲有刍豢,衣欲有文绣,行欲有舆马,又欲夫余财蓄积之富。"人之常情就是好逸恶劳,想吃好的、穿好的、让人抬着伺候,又想发大财,为了这些"穷年累世不知足"。他说的这些人情是他认为的那天生的恶劣人性的表现形式。后来的儒者,比如韩愈曾把人的善性和恶情对立,来说明人需要后天的教化,去掉恶的人情,恢复善良的人性。不过这种思想家所说的"人情",看来和上述的卓茂所说的"人情"并不完全一样。

卓茂所说的"人情"并不是思想家们所说的"人情",并没有什么善恶可言,这里的人情是指不过分,不苛求,存大体,容小过,"己所不欲,勿施于人",也就是《论语》中的"恕"之道。在儒者看来,法律过于死板、过于严酷,必须要以这样的"人情"来调节,所谓"王法本乎人情""人情大于王法"之类的说法都是从这个意义上而言的。

古代的正史号为"二十四史",大多都专门列有一个《循吏传》,记载一些被民间广为传颂的清官、好官。至于怎样的官吏才能叫做循吏,唐朝史学家颜师古对《汉书·循吏传》的注解最有名:"循者,顺也。上顺公法,下顺人情也。"能够在掌握法律原则的同时又能体谅"人情"的才是受人称颂的好官。郑克《折狱龟鉴》在"严明"一门里特意加了一个按:"夫所谓严明者,谨持法理,深察人情也。"他所说的"人情"也是不要死抠法条,要注意结合"人之常情"的意思。

三、以"人情"判案

南宋有一本叫做《名公书判清明集》的书,汇编了被编者认为有水平、值得法官参考的司法判例。而其中有不少判决就是以"人情"作为裁断的理由之一。下述就是最典型的一件:

有户人家出典土地若干年后,再以原价赎田。当时南宋法律规定一切交易必须使用朝廷发行的纸币"会子",但是纸币飞速贬值,几年后就完全不值面额,面额"一贯"(一千个铜钱)的"会子"往往只能兑换一两百个铜钱。这个案件的当事人当年收取的典价是铜钱,现在却以早就大大贬值的纸币,按原典价的数额交付典主,要求赎田。典主不愿吃亏,不肯放赎,形成诉讼。

法官胡颖判道:"法意、人情,实同一体,徇人情而违法意,不可也;守法意而拂人情,亦不可也。于二者之间,使上不违于法意、下不拂于人情,则通行而无弊矣!"他说法律虽规定交易必须用会子,但各地官府"参酌人情",在司法判决中一般按照:原交易是用铜钱的,收赎也用铜钱;原交易是用纸币的,收赎也用纸币;原来是一半对一半的,收赎时也是一半对一半。现在原告如此做法,"何不近人情之甚邪"。判决原告必须按原出典时的铜钱数额收赎土地。

宋代的吕本中专门编写了《官箴》,作为当官的教科书,其中告诫说:"当官处事,务合人情。"而且他说明人情就是"忠恕",最高的道德观是用来规范自己的,对于他人不应该用高标准严要求。他举了个事例:曾经有个知州,聘请了一位"术士"(能够算卦预卜吉凶的专业人士)来帮助自己,让他在自己的办公室随意出入。后来这位"术士"受人之托,请求知州处理某件公事时能够照顾请托者。知州勃然大怒,立即下令逮捕这位术士,依法严惩,"杖背编置"(处以责打背部的"脊杖"刑,押送到外地关押服劳役)。吕本中指责这位知州的做法:本身私人聘请术士、任其出入办公处所就已经是不合乎制度的事情,那人觉得长官和自己关系很好,自然想要请求长官办些事、捞点好处,这也是"人之常情"。知州加以拒绝也就是了,以后不那么亲近他或者赶走他就足够了。何必要这样严厉地加以处治，差不多就是"绝灭人理"了。

同样，南宋著名的大臣真德秀也曾说"法令之必本人情"，就好像"政事之必风俗"。按照社会风俗来施政。施政不根据社会风俗，就算不上是"善政"；而立法、执法"不本人情""不可谓良法"。

四、人情和情理

明清时期的衙门里，一般都高挂着"天理、人情、国法"的匾额，用来提醒主事的官员们，办理政务应该循照天理，顺应人情，依据国法，不可一意孤行，我行我素。

值得注意的是在这个体系里，国法只是排于末位。自从两汉开始，儒家理论逐渐成为统治者的政治指导原理，确立了所谓"德主刑辅"的传统政治原则。法律从秦汉时期那至高无上的地位跌落下来，国法被认为应该在其他地位更高、包容性更大、更具有普遍意义的原则的指导下，经过这些原则的调节，才能实施运用于各个具体的案件。这些原则就是所谓的"天理"（主要指儒家三纲五常之类的礼教原则）、"人情"。只会简单地按法办事的法官都被视为"俗吏"，真正的士大夫为官处事应该是能够站在法律之上，瞻前顾后，以天理、人情或情理协调法律，这才是理想的法官。

"天理"和"人情"往往合称为"情理"，经常出现在古代法律书籍或司法方面的文件中。情理是一个多义词，在司法中使用时往往可以用来指某种逻辑关系，即逻辑的推理，就如我们今天还常说的"意料之外，情理之中"，情理就是指可以推出结论的逻辑关系。但古代在司法上所说的"情理"和上述的"人情"相近。比如东晋时有过这么一个案件：

东晋曾立法规定，凡抢劫犯本人腰斩，家属弃市（砍头），义熙五年（公元409年）有个人抢劫后，他的父亲去告发了他。当时法律只规定亲人可以互相容隐犯罪,还没有家属亲人告发等于罪犯自首的规定;而按上述的连坐法,罪犯的父亲依然要被处死。这个案件就比较难处理。尚书何叔度认为:"设法止奸,必本于情理。"抢劫犯连坐法不是单纯加重处罚,主要是想让亲人告发抢劫罪犯。所以这个案件中,父亲告发了儿子是"于情可愍",建议都予以赦免死罪。他的建议得到了批准(《南史·何尚之传》)。

宋代人沈括的《梦溪笔谈》里记载了一件疑案:寿州地方有个人杀了妻子一家父母及兄弟好几个人。按照古代法律,杀一家三口以上,而且被杀之人并无死罪的,是为"不道"重罪,要缘坐罪犯的妻子一起处刑。寿州官府以此定罪上报,遭到刑部的驳诘:法律规定殴打妻子的父母就已构成强制离婚的义绝条件,更何况是杀死妻子一家数口?在这个罪犯动手的时候就已经构成义绝,婚姻关系已经解除,不能再缘坐妻子。南宋郑克在《折狱龟鉴》中引用这个案例的时候加按语,说寿州地方官府的判决就是"失在不原情理也"。

何叔度、郑克讲的"情理"既是按照立法的逻辑推理解释立法的意图,但也包含了"人情"的意思。它的实际含义可以认为是自然或人类规律的"天理"和重于事实、宽恕小过的"人情"的结合。

五、宽恕之情

以"恕"道为主的"人情"或"情理",在后世的司法中也往往简称为"情"。

清朝时,阿克敦、阿桂父子先后为雍正、乾隆两朝皇帝服务,为朝中重臣。父子都曾长期担任主管司法审判的刑部尚书一职。阿桂当了刑部尚书后,在部里经常和部下谈起自己受父亲阿克敦的一次"庭训"。阿桂年轻时,有一次阿克敦问他:"假如朝廷用你为法官,你打算怎么办?"阿桂说:"我从来没有干过这类事。"阿克敦说:"我知道,你姑且谈谈自己的志向。"阿桂想了想说:"执法当然应该是做到罪刑相当,有一分罪给一分法,有十分罪给十分法,不使有轻重差别。"不料阿克敦听了大怒,跳起来找手杖打阿桂,说:"我家的香火就要断送在你这小子手里了,今天非打死你不可!"阿桂不知是怎么回事,只得跪下磕头,说:"请父亲大人息怒,大人明示教诲,不孝儿终身不敢忘怀。"阿克敦叹口气说:"照你的说法去执法,天下就没有完人了。有十分罪给个五分、六分法也就让罪人苦不可言了,怎么可以尽法而治?况且只有一分罪还要去处治他干什么!"(《清史稿·阿克敦传》)

阿克敦的说法在当时官场上是很流行的。类似的说法还有另一个当过刑部尚书的左笏卿说过的。据吴光耀在《秀山公牍》中的记载,左笏卿常说:"治民只能用四分律,要是用到六分就民不堪命了。"吴光耀本人也是一个长期担任地方基层官员的过来人,他对此的评语是:搞法律的专家动不动就说按律查例,可如果完全按照法律而不用情来调节,那就是老百姓人人都在犯法,官员也个个都在违律,只不过是没被发觉而已。法律不过是借已被发现查办的案件来警告没被发觉的人,所以必须是百般严厉。而"情"才是法律的精义所在,变化无穷,不是可以用语言道尽、用事物比喻的,完全要靠执法的人善于理解。这就是孔子所说的薄责于人,不为已甚的意思。那才是只有士大夫才懂的法律的良言。有犯必惩,是指那些屡教不改的坏蛋,要是寻常百姓血气方刚,一时性起犯了罪过,会使他的父母终身忧虑。这就要体谅父母妻子的情感,必须要用平恕之道来处理。

正如吴光耀所说的,古代的一些轻微犯罪案件、在今天看来是属于民事性质的诉讼案件中,法官往往并不严格按照法律判处刑罚,甚至并不直接引用法律条文,常常是以"情理"做出判决。如上述《名公书判清明集》的"户婚"门一共有 187 个判,其中引用法律条文作出裁判的不过三分之一。

六、均衡的情理

明清的法律对于人们日常的民事财产活动规范得非常少,所以在发生法律没有规定的诉讼时,州县长官只好在法律之外寻找判决理由。比如清朝人戴兆佳在他的《天台治略》里记载的一件自己认为办得相当得意的案件:

天台县的富户胡世名借给叶中观 40 两银子,要叶中观用可以收获 40 石谷子的土地做抵押。过了 3 年，叶中观无法清偿债务，胡世名向县衙门起诉。按照明清时的法律，禁止以债务强夺人田产，但法律没有规定是否可以用田产作为债务的抵押。戴兆佳在处理这个债务纠纷案件时，认为原来的契约有效，可以用田产抵销债务，但是"斟情准理"，用 40 两银子对可以收获 40 石谷子的田产太过分了。于是他判决叶中观可以留下可以收获 18 石谷子的田产，可以收获 22 石谷子的田产给胡世名抵销债务，"庶几情理两平"。

这个案件中的"情理"是一种经济上的均衡概念。更进一步的经济均衡意义上的情理含义可见明朝大清官海瑞的《淳安政事》，海瑞治理淳安县的心得体会是，在处理无法可依的诉讼时，"与其屈兄，宁屈其弟；与其屈叔伯，宁屈其侄；与其屈贫民，宁屈富民；与其屈愚直，宁屈刁顽。事在争产业，与其屈小民，宁屈乡宦，以救弊也；事在争言貌，与其屈乡宦，宁屈小民，以存体也"。他认为在财产纠纷上要尽量维护贫民的利益，以拯救"为富不仁"的时弊。

还有一种"情理"是不要太过分、不走极端的概念。比如海瑞最痛恨的当时官场上流行的"四六分"裁判法：判胜诉方六分理，也判败诉方四分理，让双方不至于悬殊过分，以免吃亏的一方愤激再诉，缠讼不已。由于清朝把杖一百折为打板四十，所以有"不管青红皂白，各打四十大板"的俗谚，讽刺州县长官不问是非，滥用自己所拥有的最高刑罚权。清朝人沈衍庆办得自鸣得意的一件案件可算典型（见《槐卿政绩》）：

沈衍庆为江西鄱阳县知县，当地有一件疑难案件。两户人家原来立有婚约，可是后来发生斗殴，私下了结后，女方坚决要求解除婚约，而男方无论如何不同意。双方反复缠讼，而法律对于这种情况并无规定。沈衍庆劝告女方维持婚约，并找来待嫁的女儿问话。想不到那女儿的态度极其坚决：宁愿终身不嫁也不嫁父仇。沈衍庆作出的判决也是出人意料的：他宣判婚约继续有效，但女方可以在娘家守节终身；男方也应终身不另娶妻，但可以纳妾生育后代。沈衍庆自称："如此一变通间，庶伦纪足以相维，而情、法似觉兼尽。"

图2-4　清朝的公堂

七、情理海洋中的冰山

日本学者滋贺秀三分析了三十多种清代地方官员自编的"判语集",发现在"自理词讼"(州县基层衙门可以自行审结的、最高刑罚在杖一百以下的诉讼案件)中引用法律作出裁判的寥寥无几,基本上都是以情理分析、解决案件的。因此滋贺秀三曾有一个很有名的比喻:中国古代的法律就如同漂浮在情理海洋上的冰山,法律和情理相通,法律的空隙依靠情理来填补,法律的运用尤其靠情理来调节。

也有人对滋贺秀三的这个比喻不以为然,如美国学者黄宗智曾调查大量清代地方州县的司法档案,认为大部分判决即使没有引法条,但仍然是按照法律判决的。

他们这两位的说法大概都没错,判语集是典型案例的汇编,被认为是最精彩、最能体现礼教精神的判语,是优秀的、为其他官员作示范的判语。而地方上很多一般的俗吏是没有这个能力,也没有这个水平的。理想的判例应该是贯彻礼教情理的,而情理也从来不是和法律相矛盾的。

清代学者余廷灿在他的《捕奸议》一文中说:"情也,法也,理也,同实而异名者也。"情、理、法都是同一性质的事情,但只要是"揆之情而不安,则俱不安也",只要是不通"情"的,就理、法都不通顺了。在当时的士大夫之间,情理是更高层次的指导原则,引用法律和情理解说并不矛盾,与冰山在海面上露出的部分不过是它的体积的七分之一的情况相仿,引用法律的稀少并不能说明是完全的无法无天状态,恰恰是因为运用法律时必须以情理考虑"用到几分"的问题,只需露出一个尖角,就足以使社会接受。能用法用到恰到好处的才不是俗吏。

运用某些被普遍认为在法律之上的指导原则来调节法律的运用,这是世界上大多数法律文化都有的现象。最典型的比如古罗马时代的"自然法"观念对于僵硬的传统市民法的调节和影响,英国中世纪时"衡平法"对于死板的普通法的调节,它们都类似于中国古代这种情理对于法律的调节。但不同的是,古罗马的自然法观念后来影响到立法,形成了万民法体系,成为新的法律;英国的衡平法也成为和普通法并行的法律体系。而中国的情理却永远是"情理",统治者并没有把它逐步细化为法律规范,依然由士大夫灵活加以运用。

人情和情理在司法裁判中的这种地位,反映了中国传统文化相对性的特点。人情、情理之说是儒家"仁"的学说的反映。"己所不欲,勿施于人",从对方立场上考虑问题,即使是法官也不是站在法律的立场上,而是站在礼教的立场上,参照法律,以"恕"为原则进行司法审判,这是被认为最合乎理想的状况。在大多数情况下不要赶尽杀绝,所谓"得饶人处且饶人"。作为统治者的传统政策,是吸取了历史上秦朝、隋朝苛法滥刑,导致短命而亡的政治教训;作为司法官个人,则也有福孽报应,为自己积阴德、为子孙留后路的考虑。

中国传统社会不是一个铁板一块的社会,社会各阶层有相当的流动性,所谓"太阳瓦面过,富贵轮流做",甚至像《西游记》中孙猴子大言不惭说道"皇帝轮流做,明年到我家",在中国历史上是有一定的可能性的。这种社会的流动性影响了思想观念的相对性,影响到司法中的这种"情理性",法律无须是一座岿然不动的大山,完全可以比作在情理海洋中随波逐流的冰山,灵活适应稳定社会秩序的需要。

下篇

理之所指

1. 飞行中的特殊规则

每当我们乘坐飞机,在飞机准备起飞的时候,座舱里的电视屏幕以及乘务员总是会给大家演示乘坐飞机的安全须知。首先总是如何安置随身行李、系好安全带、关闭手机以及所有电子设备等之类的起飞安全须知。接着就会是一段遇到紧急情况时的安全须知演示,显示安全通道灯光位置、救生衣的用法等等。

在这些惯常的提示中,最有意思的是,当飞机发生紧急情况,每个座位上方会自动落下氧气面罩,语音提示以及乘务员的演示都强调:每个人应该首先将掉落在自己面前的氧气面罩戴上,然后再去帮助他人。即便身边是自理能力较差的孩子或老人,也应该先自己戴上氧气面罩,然后再去照顾老幼。有的航空公司的提示语音还明确要求父母应该先自己戴上氧气面罩后才能去照顾子女。

听到这里,大家是不是会觉得有点异样的感觉?我们一直受到的教育不都是强调"先人后己""扶幼敬老"吗?怎么在飞机上的救人规矩是"先己后人"呢?

2. 理性的考虑

可是我们再仔细想想,就会明白这个规定是非常有道理的。如果飞机客舱在空气稀薄的高空发生泄露,客舱里的空气就会喷到外空,客舱气压猛烈下降,只要几秒钟,正常人就会昏迷。在这转瞬即逝的救命时间里,如果乘客们先去为邻座的人戴氧气面罩,很有可能抢救不了别人,自己反倒先失去知觉,结果是两个人都有可能丧命。按照我们惯常的道德要求,在这种情况下就有可能会导致更多的人命损失。

因此,飞机上的这个特殊规则是出于冷静的、理性的考虑而被设计出来的。事实上与此类似的是,在紧急情况下有很多规则都看上去与我们平时的道德、礼貌、情感不那么相符。比如最简单的乘坐电梯规则,在进电梯轿厢时,遵循一般的礼貌,请长辈、老师等地位较高的人先进,还是可以的。可是在出轿厢时,就应该按照距离门口的位置,谁近谁先出。否则的话,彼此谦让就容易堵塞通道,影响到电梯的运行。

那么是否可以得出结论,我们的社会规则都是这样出于冷静的、理性的、科学的考虑呢? 这需要我们再多看一些例证才能断言。

3. 当理性陷入迷失

理性,是我们人类特有的大脑活动。我们的大脑天生就在不停地运转,希望能够找出我们所遭遇到的环境里各类事物之间的联系,找出发生某种状况的原因与结果之间的关系,就像英国诗人吉卜林的诗句所描绘的,从幼儿时代开始,我们就一直纠缠着"五千个在哪里,七千个怎么办,十万个为什么"。这种对答案的寻找,就是我们理性的表现。

理性表现为对于因果关系的寻找,可是很多事物的因果关系并不是很清楚的,当我们的知识水平还没有办法理解和分析出事物真实的因果关系时,我们充满想象力的大脑就会直接想象出某种因果关系,来解释面对的事物。尤其是人类文明的早期阶段,人们找到的因果关系往往都是些神鬼关系,我们的祖先往往将一切自己当时还没有办法破解的自然、社会的因果关系,都归结为某种神鬼的意志。

当人类定居下来,开始了经营农业的时代,人们下一年所需的生活资料在几个月里都不在自己的直接掌控之下,在田野里默默地生长,依靠大自然的雨露阳光,丰收与歉收的因果关系牵涉一年生计的重大问题,这样就给早期的农民们带来了巨大的心理压力,出现了普遍的焦虑。除了经验累积的节气、土壤、耕作技巧等人们自己可以掌握的因素之外,气候、降水、虫病之类的灾害很难被经验准确预测。这样一来灾害的因果关系就被赋予了神鬼的因素,原始农民普遍相信天上或地下的神鬼才是决定丰收与歉收的最重要的因素。

因此,进入定居农业,是人类社会的一项重大的进步;可是人们的意识却比狩猎、采集时代更加"迷信",开始进行大规模、高成本的神鬼崇拜活动。供奉神鬼的供品越来越珍贵,在某些地方,甚至不惜以人的生命作为供奉。供奉神鬼的场所越来越庞大越来越豪华,从草木棚子发展到砖石建造的宏伟神庙建筑群。而且供奉神鬼的仪式也越来越复杂,出现代替普通人向神鬼祈祷、"传达"神鬼意指的专职祭司集团。最后形成了各个古代文明各具特色的宗教体系。

图 3-1 中美洲奥尔梅克文化遗址出土的三千年前的巨大石刻头像

因此,在人类早期阶段的很多"理性"寻找到的因果关系,往往只是我们自己所处环境、自己主观愿望的变形的"投射",而这种"投射"后的"影像",又反过来影响人类自己,把这种投射的影像当作了上天的旨意、神定的法则,或者是自然界和人类社会的绝对规律。历史上各个古代文明都有"神谕""天道""圣意""天理",或者是"自然法则"之类信仰和崇拜。而这种信仰和崇拜又反过来影响到人类社会自己创立的规范体系，成为"金科玉律"。人类社会的法律也就和形形色色的信仰、各种各样的宗教纠缠在一起，用今天的眼光来看，古人对于因果关系的理解实在是本末倒置，缺乏科学精神，也远远谈不上"理性"。

第九讲 "礼仪之邦"

中国古代的儒家经典《左传》中宣称"礼"可以"经国家、定社稷、序民人、利后嗣"（管理国家政府、稳定国家社会、安定人民秩序、有利于统治者世世代代继承）。18世纪法国思想家孟德斯鸠在《论法的精神》中说："中国人的生活完全以礼为指南。"我们习惯上也经常说，中国一直号称是"礼仪之邦"。

那么什么是"礼"？为什么"礼"具有这么重要的意义？为什么"礼"可以成为中国传统文化的象征？

一、"始诸饮食"

作为一种动物，人的本能就是要通过饮水、进食来维持生命。而和其他动物不一样的是，人类无论是猎食、采集，还是后来的农耕、放牧，无论是饮水和食物的取得，还是饮水保护（比如蓄水设施的建设与维护）和食物加工（比如火源的保护、清洗、烹煮等等），都需要团队的分工与合作才能成功完成，很少有单打独斗的可能性。因此在获取水源、食物后，就会发生分配的问题。像动物群体那样简单地靠打斗争夺，就没有了下一次的成功合作，也就会危及到整个群体的生存。所以，在人类社会形成的最早期的时候，就应该形成了饮食分配的规则和顺序，并且从这一最基本的规则出发，逐渐形成完整的社会规则。儒家经典《礼记·礼运》就已经洞察了这一点，宣称："夫礼之初，始诸饮食。"

另一方面，上文已经提到，人类追究因果律的癖好使得人类社会早期就充满了人类自己想象出来的神鬼。而且人类将自己的生活"投射"到自己创造的神鬼上去，又将自己的这种"投射"当作了丝毫不敢触犯的"金科玉律"，用来规范自己的生活。古人没有办法想象神鬼无需饮食，为了让神鬼满意、降福于人类，古人认为必须给神鬼贡献食物，而且应该是最好的食物。这种给神鬼饮食的行为及仪式，是全世界的古人类都具有的习惯。在汉语中一般统称"祭"。甲骨文里"祭" ⿰ 这个字为一只右手 ⺅ 持鲜血淋漓的鲜肉 ⿱ ；另一种字形是 ⿰ 右手持肉供于祭坛 ⺬ 之上的象形。《说文解字》："祭，祭祀也。从示，以手持肉。"

人们普遍食用熟食后，自然也会设想给神鬼供奉熟肉。可是和供奉生肉的时候一样，肉食放在祭台上总也不见减少。于是古人又开始自我完善因果关系：在食物的色、香、味三要素里，神鬼需要的只是食物的香气，尤其是烤肉发出的那股强烈的烧烤香气。这就是几乎所有的古代民族祭祀神鬼都采用"燔祭"的原因。汉字里专门有形容这种让神鬼满意的香气的字"馨"，《说文解字》："馨，香之远闻者。"

最容易散发香气的烤肉就是烤肉串，用细棍将肉片穿刺成一串 ⿰ ，放在火上烤熟。再放在容器里，置于祭台上，供奉给神鬼，祈求神鬼的降福。"礼"这个字，原来指的就是这样的祭祀仪式。从下页的图表上，可以看见，在商代的甲骨文和早期的金文里，都是这个仪式的描绘。

商族、周族部落崇拜的神鬼主要都是祖先神，死去的祖先被认为成为了天上的神，具有控制活着的子孙们的神力。祖先神用桃木板制成的"牌位"作为象征，"示"字表示的就是牌位，在牌位前放置了"豆"（高脚托盘），"豆"上有盛放祭品的"筥"（竹木制成的有盖的盒子），这就是晚期金文的"礼"字。

另外一个"礼"的异体字，是以上升的香气作为表现祭祀仪式，这就是我们今天使用的简体字"礼"字的来源。

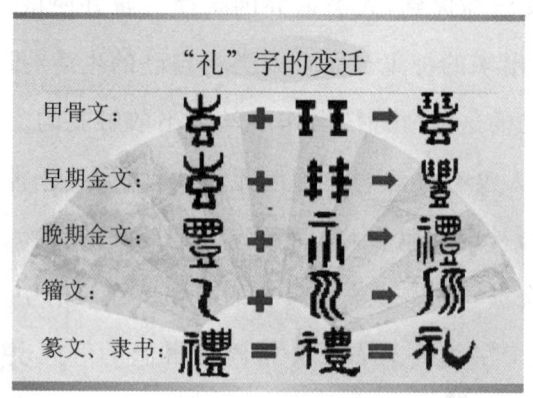

图3-2 "礼"字的变迁

二、礼的演变

儒家经典《左传》里说："国之大事,在祀与戎。"古代国家的头等大事,被认为就是祭祀神鬼和进行战争。祭祀神鬼,神鬼降福于本部落,才能保证农业丰收。准备以及进行战争,才能够保证整整下一年度的生活资料不被其他部落夺走,保证部落群体生存。

既然祭祀神鬼(中国古代是祭祀祖先神)被古人认为是人类社会的头等大事,那么祭祀仪式"礼"也就成为最重要的部落规则。在周部落打败商部落,获得中原地区的统治权后,传说周武王的弟弟周公制定了全套的"礼",史称"周公制礼"。很难想象一个部落的习惯法都由一个人来创立,但是世界史上充满了类似的传说。以今天的眼光来看,大概就是周公将一些最重要的规则都用"礼"来称呼,并为了统治中原地区的方便,设置了一些规则,并也称之为"礼"。因此"礼"就成为了部落习惯法的总称,泛指所有重要的行为规则。

几百年后,中国历史进入春秋战国的大变革时期,国家公布的成文法逐渐成为法律的主体,原来包含在习惯法"礼"里面的很多行为规范也被成文法吸收。其余的各种生活的基本规则发生了很大的变化,所谓"礼崩乐坏",传统的习惯规则逐渐被人们忘却。社会生活、家庭生活的种种仪式、规则也在各个部落百姓的大流动中出现了纷杂的局面。孔子创立了儒家学说,带着学生们认真收集、整编各种最基本的礼仪,他的学生学会了以后,就以主持各类社会及家族活动仪式为业。这些收集与整编的成果后来被儒家的后学们用文字整编成《礼记》和《仪礼》两部经典。后世各个朝代的礼仪制度,基本上都是按照这两部经典制定的。

　　孔子最了不起的是,他将西周时期的"礼"视为最完美的社会规范体系,并且在进行收集和整编的同时,着力发掘发挥其中的原则,归纳出一套完整的伦理体系。这不仅表现在上述的两部经典里,在他编写的鲁国编年史《春秋》(以及后来学生们整理的《左传》《公羊传》《谷梁传》),他整理的古代政书汇编《尚书》、古代诗歌汇编《诗经》等被后儒奉为经典的著作里,也都着力体现"礼"的最基本原则。后世将儒家的这套伦理体系总称为"礼教""名教"。

　　礼的演变:

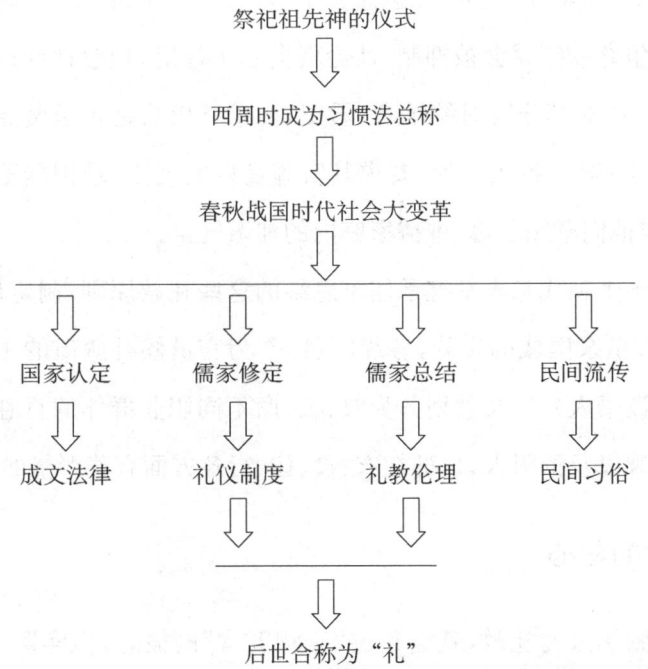

三、"各安其分"

儒家经典《礼记》里总结说，远古的国王创立礼，"有本有文"。礼的"本"就是礼的精神、本原、原则。礼的"文"就是外在的具体规范，具体的礼仪标准。

那么儒家总结的"礼"的最基本原则是什么呢？说起来也很简单，就是"分"，将人群分为不同的等级，每个等级都有特定的身份、特定的权利与义务。

儒家的经典《礼记》说："亲亲之杀，尊贤之等，礼所生也。"亲属之间应该相亲相爱，但是也要有等级划分（"杀"就是划出范围、划出等级的意思），贤明的人士应该得到尊重，也要按照等级来区分。这就是"礼"形成的要素。战国时期的儒家思想家荀子认为"人以群分"，远古的国王设计出"礼义"来划分人群，有"贵贱之等"，有"长幼之差"，有聪明贤明和愚蠢笨拙的分别，使不同的人适宜不同的事物，"各得其宜"。战国时期法家思想家韩非子也说礼是"贵贱、贤不肖之所以别也"。

将社会、家族都划分为明确的等级后，就是孔夫子所说的"君君，臣臣，父父，子子"；儒家经典《礼记》所说的"礼达而分定"，贵贱、尊卑、长幼、亲疏有别，人们对于生活资料的争夺欲望就会被抑制，社会就会趋于稳定，理想社会秩序便可实现。社会各个等级"各安其分"：对统治者、君王，要求其效法远古圣贤尧舜，认真治理国家和处理家事；对于各级贵族，要求其实施良好的统治，维护国王的权威；对于普通民众，要求他们孝顺父母，维持家庭内的和谐气氛。

中国以后各个朝代基本都继承儒家总结的这些礼教原则，制定出严格的社会等级划分制度，皇亲国戚的贵族，各级官员，作为官员候补队伍的士大夫（通过科举考试选拔的读书人），以及被划分为农、工、商不同职业群体的百姓，作为贱民的社会底层的奴婢以及依附人口，都在衣、食、住、行各方面有着严格的等级制度。

四、礼教的核心

现在一讲到儒家的礼教，就会跳出"三纲五常"的概念，但实际上儒家本来并没有"三纲"的说法。儒家只是讲究"孝"的绝对性,至于君臣之间的关系、夫妻之间的关系,春秋战国时期的儒家所持的是一种相对性的关系。

尤其是在君臣关系上。孔夫子讲"君君,臣臣,父父,子子",就是君行事要像个君,臣行事要像个臣,父行事要像个父,子行事要像个子。假设父行事不像父,子仍然必须孝顺父亲。但是君若不像个君,臣是否仍然必须彻底忠诚于他?孔子回避了这个问题。而后来战国时期的孟子说:"君之视臣如手足,则臣视君如腹心;君之视臣如犬马,则臣视君如国人;君之视臣如土芥,则臣视君如寇雠。"把君臣关系完全视为一种相对的关系。孟子直截了当地提出,君不像君的话,就自动解除了臣子的忠诚以至于服从的义务,甚至还可以像周武王那样起兵反抗,杀死暴君。他认为商纣王倒行逆施,已成为"残贼之人",失去了当国王的合法性,只是一个普通人"一夫",周武王杀死纣只是为民除害,根本就没有"弑君之罪"。

和儒家相反,法家学派在强调父子关系绝对性的同时,也强调君臣关系、夫妻关系的绝对性。最典型的说法是《韩非子·忠孝》篇里提出的:"臣事君,子事父,妻事夫。三者顺则天下治,三者逆则天下乱,此天下之常道也。"这三者关系都是绝对的,不容许有任何怀疑或"恍惚之言"。

西汉实现大一统皇朝统治后,儒家也经过了改造,尤其是董仲舒从法家这里"剽窃"了君臣、父子、夫妻三者的绝对性关系原则,称之为"君为臣纲、父为子纲、夫为妻纲"这三纲,和儒家原有的"仁、义、礼、智、信"这五常结合,合称为"纲常",成为后世礼教的基本原则。

五、"德礼为政教之本"

汉代将经过改造的儒家思想确立为朝廷的统治指导思想,以后的各个朝代也都宣称其统治贯彻的就是礼教的原则。唐朝的法典《唐律疏议》序言里就说:"德礼为政教之本,刑罚为政教之用。"统治的基本任务是"教化民众",所以叫做"政教"。而教化民众的主要内容,就是"礼教"。

朝廷教化百姓的范例,就是明太祖朱元璋颁发的"圣谕六训":"孝顺父母,尊敬长上,和睦乡里,教训子孙,各安生理,毋作非为。""尊敬长上",就是要求民众尊敬辈分高者、年长者、社会地位高者。"各安生理"中的"生理"是指谋生的途径、行业。可见,这个"圣谕"强调的就是礼教最基本的原则。

明太祖下令各地居民点都要将"圣谕"树碑刻石,每个居民点都要选"年高有德"者,每天大声朗诵,官府必须定时向民众宣讲。这项制度不仅在明朝贯彻始终,清朝入关后依然继承。后来康熙皇帝又将这六条改为十六条:"敦孝弟,以重人伦;笃宗族,以昭雍睦;和乡党,以息争讼;重农桑,以足衣食;尚节俭,以惜财用;隆学校,以端士习;黜异端,以崇正学;讲法律,以儆愚顽;明礼让,以厚风俗;务本业,以定民志;训子弟,以禁非为;息诬告,以全良善;诫窝逃,以免株连;完钱粮,以省催科;联保甲,以弭盗贼;解仇忿,以重身命。"

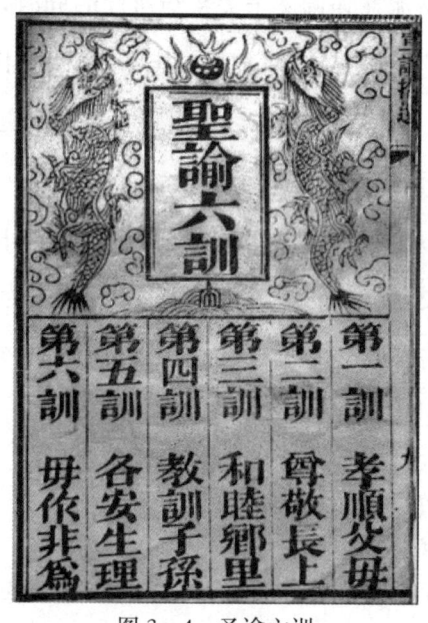

图3-4　圣谕六训

另外,两汉以后各代都制定颁布礼仪方面的制度,小到百姓的出生、成年、婚娶、丧葬、祭祖等生活的礼仪,大到朝廷的祭祀、朝会、登基之类的重大政治活动的

84

礼仪,全都有明确的制度。

　　礼教的教化、礼仪的统一被认为是施行统治的主要方面,而法律集中于定罪量刑的刑事领域,被认为是施行统治的辅助方面。这就是中国"礼仪之邦"称呼的来源。

第十讲　神圣的"约"

一、胸口割一磅肉的契约

莎士比亚名剧《威尼斯商人》讲述的以下故事,想必大家都熟悉:

威尼斯商人安东尼奥为了帮助朋友,向犹太商人夏洛克借了三千元钱。而夏洛克为了报复安东尼奥平时对他的侮辱,情愿不要利息,而是要求在三个月的期限到来之时,如果安东尼奥不能清偿债务,就要由夏洛克在安东尼奥"心口所在的附近取一磅肉"。安东尼奥为了救朋友,也只得同意这项骇人听闻的条款,在契约上签了字。

三个月过去,倒霉的安东尼奥因为自己的商船接连沉没,发生亏损,到期无法还清债务。于是夏洛克就向威尼斯法庭起诉,请求按照原契约履行约定。担任法官的威尼斯公爵和元老们,在法庭上百般劝解都无法让夏洛克回心转意,夏洛克既不愿撤诉,也不愿接受安东尼奥的友人代为清偿债务,一定要求执行原约定。法官们没有办法,只好施缓兵之计,宣称这个案件有点复杂,休庭等待一位法律权威来帮助判决。

安东尼奥友人的未婚妻鲍西娅聪明过人,她假扮法律权威来到法庭,宣布"这约上所签订的惩罚,于法律条文的涵义并无抵触",夏洛克有权在安东尼奥的胸前取一磅肉，也该当庭执行，并允许夏洛克自己动手执行。可是就在夏洛克要动手割肉的时候，鲍西娅又说明：因为契约上只写了一磅肉，所以如果夏洛克在取肉时流出一滴"基督徒的血"，或者所割超过一磅或不足一磅，就是异邦人杀害威尼斯公民，要按照威尼斯的法律抵命，并没收全部的财产。

夏洛克听了，目瞪口呆，没有办法动手割肉，只得请求撤诉。可这位假冒的法律权威又宣称：夏洛克要是撤诉就证明他原来的意图只是谋杀，而按照威尼斯的法律，异邦人企图谋杀威尼斯公民，就要由公爵宣判没收财产。公爵就势命令夏洛克改奉基督教，并且没收财产。夏洛克只得灰溜溜地败诉而回。

图3-5 《威尼斯商人》剧照

二、"私约"如何就成了公法？

撇开后半段的故事不谈，仅就前半段故事来看，夏洛克和安东尼奥的契约是他们自己约定的，难道就成了法律不成？法官难道就不能宣布这契约"不近人情"

将其作废？况且起诉的一方还是一个异教徒,是个在威尼斯受人歧视、几乎是被当作贱民的犹太人,何必如此和他"较真",一定要以法庭的强制力执行这个契约?

这就需要了解这个故事后面的法文化了。在欧洲的法律传统里,私人之间立的契约确实具有法律意义,契约的效力必须由政府代表的公共强制力加以维护。

我们看看1658年捷克教育学家夸美纽斯编写的儿童读本《世界图解》,书中对于"正义"的解释如下(有关数字就是指插图中标出数字的地方):

正义1被描绘成稳坐在正方形的石2上,因为它必须是不可动摇的。就像要让一个人无法看到一样,用蒙眼布3将眼蒙上。为了留下另一个立场,塞住她的左耳4。

为了处罚和制裁坏人,右手始终握着利剑5和缰绳6。其次,有一架右侧8放着功绩、左侧9放着报酬的天平7,取得两者之间的相互平衡,从而如好马加快鞭10一样,促使好人实现美德。

在签订契约11时,互换诚实,遵守协定和约束。把保存和借出的东西归还原处。不让每个人拥有的东西受到别人的偷盗12和损伤13。这就是正义的规则。那些事情在摩西十诫的第五(今《新旧约全书》和合本为第六戒"不

图3-6 《世界图解》中的插图

88

可杀人")和第七(今《新旧约全书》和合本为第八戒"不可偷盗")戒律中是被禁止的,通过绞架 14 或车裂的刑车,正当地加以处罚。

私人之间签订的契约,必须得到司法的维护,这就是"正义"的重要体现。

三、"约"之神圣

在古代环地中海地区,契约往往具有一种神圣的色彩。

比如古代希伯来人在契约方面很迷信,认为神和人是以"约"联系在一起的,犹太教的经典就以"约"为名(《旧约全书》),着重强调上帝和人类的几次约:

第一次是上帝和挪亚立的约。上帝发洪水惩罚忘记了敬神的人类,并选择了挪亚一家,预先警告他要造大船,带上成对的各种家畜上船躲避水灾。七七四十九天暴雨洪水过后,上帝向挪亚显灵,与挪亚约定:人类应该定时向上帝献祭,不吃带血的畜肉;上帝则保证不再发洪水消灭人类。这次约就以天上的彩虹为信。

第二次是上帝和亚伯拉罕立的约,这是上帝和其"选民"(选中的民众)犹太人的约。上帝向牧羊人亚伯拉罕显灵,要求亚伯拉罕向上帝献祭自己的长子,亚伯拉罕二话不说就真的准备献出自己的长子。上帝很满意,不仅不要亚伯拉罕的献祭,还宣布犹太人的男孩应该在出生 7 天后行"割礼"(割去阴茎的包皮)作为这项约的标志。

第三次是上帝和摩西立的约。上帝帮助摩西带领被囚禁的犹太人逃出埃及,并且在摩西率众来到西奈山时向摩西显灵。上帝向摩西颁布了"十诫",并且作为上帝眷顾其选民的对价,犹太人应该以他们的头生子(以金钱赎)及头生的牲畜为献祭,并严格遵循"十诫"。

后来的基督教教义里,仍旧保留上帝和人类立约这样的概念。基督教的《新约全书》所谓新约,就是相对于旧有的上帝与人类的约而言的,这个新约就是耶稣作为上帝之子为人类而流血，来赦免人类的罪孽。耶稣在最后的晚餐上要门徒们吃饼，说是他的身体；要门徒喝酒，说是他的血，"这是我立约的血，为众人流出来，使罪得赦"。教徒要受洗礼、领圣餐、饮红酒，就是遵守基督和人类的这个新约的标志，只有遵守这个新约，才可以得救。

因此在犹太教——基督教的传统里，经向上帝发誓所立协议——约，就成为人与神的约定，违约触犯的不仅仅是对方当事人，更重要的是违背誓言，触犯了神。因此，为了平息神的怒火，就必须以公共强制力惩罚违约者。

四、契约就是法律

在古罗马法中，契约也是一种不可动摇、必须履行的约定。罗马法用obligatio 表示契约，意思就是"法锁"。罗马法对于契约产生的债的定义是："法律用以把人或集体的人结合在一起的束缚或锁链。"显然契约和法律是直接联系在一起的。

在《威尼斯商人》所叙说的那个时代，契约等同于法律仍然是一项普遍的原则。古罗马的法谚"合意创立法律"（consensus facit ius）依然几乎是全欧通行的原则。法国 13 世纪《博韦的习俗和惯例》中还有"契约胜过法律"之说，因此只要立约人当时是自己作出承诺的，无论是多么不合理的契约，按照"买方自应注意"（caveat emptor）的原则，就只能自认倒霉。

即使是像夏洛克和安东尼奥之间这样的契约，依旧被认为和法律一样具有强制力，这是莎士比亚创作这部名剧时英国法律的原则。在英国法律中，"契约"就是"当事人之间的有法律强制可能的合意"。一般的"合意"（agreement）没有这样的强制力，但是如果这项"合意"已经上升为"契约"（contract），法庭只能严格依照当事人原先约定的契约文字字面意思进行判决，付与强制执行，不能对契约本身自行作出其他的履约解释。

英国法的契约：

要约（offer）

↓

承诺（acceptance）

↓

形成合意（agreement）

↓

具有法律意义上执行的可能（enforceable by law）

↓

契约（contract）

因为契约等于法律，违约等于违法，违约不偿就会遭到严厉处罚。古罗马《十二表法》规定债权人可以把债务人出卖为奴，甚至在有多位债权人的情况下可以把债务人砍成几块。相比之下，夏洛克要取一磅心头肉还算不上是最残酷的。14世纪德意志法律规定，债权人有权掀掉无力偿还债务的债务人家的房顶。中世纪维也纳城市法律规定，债权人有权将违约的债务人剥到只剩下一件衬衣。即使在黑死病流行的时候，神父在为临终者做忏悔时可以赦免所有的罪恶，唯独不得赦免临终者欠下的债务。在19世纪中叶以前，绝大多数西欧国家都设有专门的负债人监狱，用来关押还不清债务的债务人。

《威尼斯商人》所反映的这种死板的契约等于法律的现象，是西欧中世纪的法文化特有的现象。由于这样的法文化的背景，一个人在生意上丧失信用，不能及时还清债务，就会被世俗蔑视，被认为丧失做人的资格。

五、中国的"私债官不追"

看一下中国清代几乎和《红楼梦》同时代的长篇小说《歧路灯》中有关债务的情节，就会发现，在当时的中国社会，私人之间的契约并不直接具有官府法律般的效力。

这部由李绿园撰写的小说，说的是一个比较俗套的、浪子回头金不换的故事：

谭家独子谭绍闻因为母亲从小溺爱,长大后结交不良之辈,逐渐荡尽家产。幸好后来得众人帮助,再走读书科举考试之路,终得当官的"正果"。

在第三十回里谭绍闻因为赌博欠下巨额赌债,"寻了一个泰和字号王经千,说要揭一千五百两,二分半行息"。结果五年里虽然先后还过了900两利息,但余下的债务连本带息,已经积累到2950两。第四十八回里谭绍闻卖田产凑了1500两银子还债,余下的1450两银子,另外立了张"借"契,有效期三个月。约定三个月不还,就作为计算利息的"揭债"。果然三个月期满后无法归还,债务继续计息,到了第八十四回,已经"通共连本带息,是两千一十几两"。当债主上门讨债时,惹恼了谭绍闻,说道:"就是朝廷皇粮,也是一限一限的征比,何况民间私债? ……我一时没有,您有法子您使去就是,告在官府,行息的账,官府也不能定期勒追。"债主也不得不松口,同意再缓时日。

显然,在这桩债务纠纷里,双方都没有想到要去向官府起诉,债主也没有向官府起诉的意愿。

《歧路灯》这段情节描写的正是中国法律文化的传统——"官有政法,人从私契"。在中国传统法律文化的环境里,契约等同于法律是不可想象的。契约是私人之间订立的,怎么能可以和"国法"相提并论? 在吐鲁番、敦煌出土的北朝至唐宋时期的契约文书中,往往都写着"官有政法,人从私契"的惯用语,表明"私契"与"政法"之间是存在很大的距离的,或者只是希望私人之间应该按照官方的"政法"那样来维持契约的效力,而不是希望能够直接依靠"政法"的力量来实现契约的约定。甚至表明即使是官府有"政法"来取消或限制这项契约,但当事人之间仍然应该维持这项"私契"。比如在敦煌出土的一些唐宋之交的契约上,往往明确约定"恩赦行下,亦不在论说之限",预定排斥将来政府赦免法令的效力。

不仅民间是这样认为,即使是朝廷,也绝对没有契约效力等同法律的概念。唐朝的法律明确规定,凡是要计算利息的契约,"任依私契,官不为理",当事人无法得到政府的司法救济,起诉不会被受理。明清的法律规定,不偿还计息债务是要惩罚的,但同时法律又规定,计息债务累计利息再多,不得超过原本,无论欠债时间多长,债务人最多只须还原本的两倍,这叫做"一本一利";而且按月计算利率不得超过"三分"(3%);违反这些规定的债务属于"私债",官府不受理有关诉讼。

六、契约后面的经济力量

中、欧两个地区不同的契约制度,反映了两个地区不同的社会经济基础。

环地中海地区很早就形成了市场经济格局。近四千年前古埃及人建造卡纳克神庙等大型建筑时,使用的木料就是从今天黎巴嫩高地采购的雪松。而稍晚时期的克里特岛上的欧洲米诺斯古文明,已经开始兴建商船,从事转运贸易。到了三千年前,亚平宁半岛的埃特鲁斯堪人和地中海东岸的腓尼基人,建立起了环地中海地区的商业网络,并且在繁荣的转运贸易中,腓尼基人还借鉴古代两河流域的文字系统,"发明"了一套记音字符,传播到各地。继起的古希腊文明,也很早形成了商品化种植的格局,通过向其他地区出售橄榄油等特产,以及陶器、青铜器皿等手工业产品来换取粮食。

在地中海商圈形成的同时,并没有一个统一的统治整个地中海地区的强权力量。商业交换的成功,需要彼此对于守约的共识,在背后推动的是双方的经济利益。形成的观念就是交换也可以是一种和掠夺、勒索一样有效的收益手段,但是需要信守自己的诺言,并相信对方也将同样处事。这样的信念逐渐被上升为"约"的神圣概念,违约被视为一项禁忌,以此保证商业的维持。

罗马帝国是建立在这样一个已有的商业圈基础上的帝国,罗马的法律也反映了这项禁忌。正如恩格斯所指出的:"罗马法是简单商品生产即资本主义前的商品生产的完善的法,但是它也包含着资本主义时期的大多数法权关系。"(《马克思恩格斯全集》第 36 卷,人民出版社 1975 年版,169 页)同样,新兴的基督教教义,不仅继承了原来的犹太教有关"约"的精神,也接受了罗马法的原则,并在罗马帝国瓦解后继续传承这些原则,影响到欧洲中世纪,"私约"等同于"国法"。

在欧洲传统环境里,社会上逐渐形成了这样的习惯,双方的私人关系与生意关系平行,互不干涉,形成所谓"生意归生意"的谚语,生意与双方的人品、血缘、宗教等私人关系无关。契约就是双方交易关系的终点,双方所有的交易关系都通过明确的条款予以规范,而私人之间合意形成的契约,当事人的约定和关系则与以政府为代表的公共强制力汇聚于一体,成为罗马法所说的"法的锁链",强制当事人按照原来的约定来不折不扣地履行,履行不及时的、有欠缺的,就要受到公共强制力的制约被强制履行,进而会遭受处罚,被社会唾弃。

而中国古代社会并不是商品经济社会,政府的公共强制力主要用于维护社会的稳定和安宁,而不是为了维护私人之间的交易。当事人之间的约定和关系,与以政府为代表的公共强制力处在两条平行线上,即中国古代民间谚语"官有政法,人从私契","私契"不应该也没有必要借用"政法"的力量。所以为了交易的安全与可靠,私人之间的交易首先是要看对方的人品,值得相信的人才值得进一步做交易,因此契约具有双方关系起点的意义。交易双方更看重的是契约条文以外的、双方有进一步发展关系的可能性,而不是死守契约的条文约定。

18世纪法国思想家孟德斯鸠曾就此指责说:"中国人的生活完全以礼为指南,但他们却是地球上最会骗人的民族。这特别表现在他们从事贸易的时候。虽然贸易会很自然地激起人们信实的感情,但它却从未激起中国人的信实。向他们买东西的客户要自己带秤。因为每个中国商人有三种秤:一种是买进用的重秤,一种是卖出用的轻秤,一种是准确的秤,这是与那些对他有戒备的客户交易时用的。"他不知道的是,中国商人在与自己认定的值得信任的顾客交易时,是绝对遵守约定,甚至会不惜赔钱来维系已经发展为朋友关系的生意关系。所谓"骗人"的贸易,恰恰是在和那些被认为不值得信任的"番鬼佬"打交道时,本着"以其道还其身"的原则,不拘泥于契约的文字约定。

第十一讲　神奇的数字

　　能够数数,是人类这种智慧动物的重要特征。而我们的行为规范中也确实有很多的数字概念,比如今天我们的生活都是按照每周七天的节律来安排的,这可是具有法律规定的规范。另外还有很多在诸如道德、习惯、法律中的数字概念。那么,这些数字概念也是出自于人类的理性的探讨、符合我们今天的科学精神吗?

　　实际上并不是这样。人类社会的规范具有很强的传承性,今天我们的社会规范有大量的内容来自于历代祖先。我们的祖先依据有限的经验,以及以自己无穷的想象力想象出来的因果律,将数字从单纯的计数,帮助人们记忆、统计外,还赋予了很多具有象征性的意义。很多规范中的数目字,常常不是统计的结果,而是某种理想、信念的象征。这种象征性意义的数字,在人类传承的法律中,留下了很多的痕迹。

一、神奇的"七"

　　最典型的具有象征性意义的数字,就是七。在很多文化中,七都是象征命运转折、转换的数字。比如大家都熟悉的格林童话中的白雪公主的故事:白雪公主在森林中跋涉,趟过了七条河流,翻过了七座小丘,最后来到七个小矮人的住处,才算是暂时逃脱了恶魔皇后的控制。直到今天,世界上绝大多数国家的人们还是以每七天一星期作为法定的工作周期。

七的这个神奇象征意义起源非常久远。早在4000多年前的远古时代,西亚两河流域古代文明的人们就已经注意到,天上的太阳、月亮、火星、水星、木星、金星、土星这七个天体非常奇特,不是每昼夜围绕着北极星旋转一圈,而是各有自己的运行轨道,独立地在群星中穿行。于是他们认为这是七个非常强悍、不遵守常规的天神,并设想这七个天神每天都在上天轮值,掌管着宇宙事务。他们将这七个天体奉为大神,按时祭祀。以后逐渐形成以每天第一个轮值当班的那个天神来计算日期的习惯,星期日(太阳神),星期一(月神),星期二(火星神),星期三(水星神),星期四(木星神),星期五(金星神),星期六(土星神),"星期"计日法就是这样产生的。

七不按常规、轮换值班的象征性意义,由两河流域而逐渐影响到东半球很多古代文明。如生活在今天中东地区的古希伯莱——犹太文化群体,就有很多与七的转折意义有关的规范。比如在犹太教的创世神话中,附会古巴比伦人的星期计日法,宣称上帝是在六天里创造了天地与人类,第七天休息,因此每工作六天必须严守一天"安息日"。在犹太律法中,男孩出生后的第七天就必须要接受"割礼",

图3-7 犹太教的圣器七枝烛台

表示成为一个上帝的选民；到债主家里劳动抵债的债务人，到了第七年就可以恢复自由身份。

又如古希腊罗马的神话中，人死了以后，灵魂要经过七道冥河，需要给摆渡的船夫支付一笔小费，才可以顺利渡过。

古代印度的神话、宗教中也有类似的说法。比如佛教认为人死后轮回投生，每七天为一个机会，到第七个七天周期结束就不得投生，所以要"做七"，从"头七"做到"断七"。

中国古代同样也以七为神奇数目。这不仅来源于对七大天体"七曜"的尊崇，也来自于对指向北极星的"北斗七星"这一号为"帝车"的神秘感情。古代神话中最著名的例子莫过于每年七月初七的"乞巧节"，传说被王母娘娘无情以银河强行分开的牛郎、织女，只有在这一天，才可以渡过喜鹊特意搭成的"鹊桥"，相聚一夜，"金风玉露一相逢，便胜却人间无数"。

在法律层面上，七这个神奇的数字也有着很明显的影响，尤其是七的转折意义。比如欧亚大陆很多古代文明的法律，都规定需要承担刑事责任的年龄是年满七岁。而从七岁开始，人也有了一定的民事行为能力。古罗马法是这样，中国古代的唐律也是这样。中国古代礼教和法律规定丈夫可以在七种情况下单方面解除婚姻关系，将妻子休弃，号为"七弃"或"七出"。而中国古代法律又将杀人罪归纳为"七杀"。

二、尊贵的"三"和"九"

大家知道，"三"在中国古代往往是泛指"多"，并不一定是确数。如大家熟悉的《诗经·魏风·硕鼠》"三岁贯女，莫我肯顾"；《论语》里的"吾日三省吾身""三思而后行"，这些"三"并不是专指确数。世界上不少民族的语言里也有这样的情况。有个说法是这样的：因为远古人类祖先开始计数时，左手抓一件采集的果实或狩猎的猎物为"一"，右手再抓一件为"二"，两手以外无法再抓，就都是"三"，从而在以后形成以"三"指"多"的习惯。

三再加上千，自然就指很多。古代典籍里说古代的法律"禹刑三千条""汤刑三千条""吕刑三千条"，就是说当时已经有了相当多的法律。尤其是《孝经》所言："五刑之属三千，罪莫大于不孝。"显然是将"三千"当作所有罪名的泛称来使用的。后世"三千"一词还是往往表示这种泛指数量之多的意思，如"弱水三千""白发三千丈"等等。

由于"三"有这种"多"的含义，逐渐又有了高、广、大等含义，逐渐具有了神秘而又神圣的象征意义。中国古代也曾将"三"视为神秘而又神圣，如《老子》所说的："道生一，一生二，二生三，三生万物。"衍变为以后的道教里尊奉的"三一"，有"三神"（意神、志神、念神）、"三光"（虚赤光、元黄光、空白光）、"三清"等神秘说法。古代传说有"天皇""地皇""泰皇"的"三皇"，是人类社会的开辟者。东汉的《说文解字》解释三："三，天、地、人之道也。"以后一直是"天、地、人"为"三才"之说的滥觞。

实际上，在很多古代文明中，"三"也都是具有这种象征性意义的。比如古代的神话及宗教，主神往往是三位。如古印度教的三相神：梵天、毗湿奴、湿婆，古婆罗门教和以后的印度教都要供奉"三火"。古希腊罗马神话里也有很多所谓"三联神"，如古希腊的宙斯、雅典娜、阿波罗，古罗马的丘比特、基林努斯、玛斯；小神有"命运三女神""美惠三女神""复仇三女神"等等。佛教有"三世"说，寺庙的大雄宝殿里供奉过去、现世、未来三佛；把意识空间想象为"三界"（欲界、色界、无色界）；引导众生解脱的途径有"三乘"；经典总称为"三藏"。天主教信奉的圣父、圣子、圣灵的"三位一体"等等。

三的平方是九，既然"三"可以表示"多""广""高"，它的平方"九"也往往用来指"极多""极高""极广"。比如用"九牛一毛"来表示"多"，用"九天""九宵"来表示高不可攀的上苍，用"九州"来表示广阔的地域。

法律意义上"九"也常常用来表示"多"的意思。比如一个人的血亲总称为"九族"，表示血脉绵延不绝。至于什么是"九族"，实际上却是模糊概念，因为按照儒家经典的说法,九族是指上至高祖、下至玄孙的九代直系父系血亲,以及同高祖所出的全部旁系血亲。显然就一个家庭来说,九族并不可能同时存在。因此,"株连九族"并非严格的法律用语。西周的法律曾经统称为"九刑",传说西汉初年萧何制订"九章律",应该都是表示其法律繁多的意思(根据近年来出土载有西汉吕后二年法律的汉代竹简,篇目远远不止 9 篇)。

在中国古代文化里,"九"又被认为是最大的"阳数",古代的算卦书《易》里,以"阳爻"为"九",所谓"乾元用九,天下治也"。而"九"这个阳爻与第五爻配在一起的"九五",就是"飞龙在天,利见大人"。据后代儒家的解释,"九五"这个卦象的意思就是"阳气盛至于天,故云'飞龙在天'",是表示"圣人有龙德,飞腾而居天位"。"九五之尊"因此就变成了国王、皇帝的代名词。

"九"由此成为尊贵之数。传说夏禹铸造了"九鼎",象征治下的九州,显示统治权力。以后谁敢于"问鼎",就是表示挑战王权。后代凡是涉及皇帝的事物,往往都要玩弄"九"的数字游戏。比如皇帝的京城一定要有"九门"。皇帝宫殿的高、宽、深尺寸,开间的数目,台阶的数目,屋顶上的装饰物,围墙的高度,甚至大门上的大铜泡钉,也总是要搞成九的倍数。

同样,为皇帝服务的贵族及官僚们也会用"九"来表示他们的尊贵。比如据说从西周时开始,国王就会对于建立巨大功勋的贵族赐予"九锡"(九种一般贵族不可以拥有的礼器)。另外,据说西周时在朝廷左右两侧树立"九棘",大臣贵族上朝时分等站立。秦始皇建立起君主专制中央集权的帝国政体,最高级的大臣统称为"三公九卿"。至于究竟哪些是"九卿",却有着不同的说法。曹魏时在各地设置"中正"官员,专职评定本地区人才的等级,一共是分为九等,号为"九品",分别向朝廷推荐。另外大臣、官员的等级,也都是以"九品"来划分。

三、圆满的"五"和"十"

在中国古代文化里,"五"这个数字也是极具象征意义的。"五"为满掌之数,古人学会掐指计数，至满掌的五而止，或许就此产生"五"这个数字的"圆满""具备"的语义。也有人认为，从字形上推测，五字的古字形或作蝴蝶结状，与仰韶文化中常见的鱼形图案相近；而五的读音也和鱼相近，或许是鱼为图腾崇拜习俗的孑遗。

不管是如何起源的，反正"五"这个字在中国古代是有神秘的象征意义的。比如从很久以前开始，中原地区的古代民众就把世界万物的原形归纳为"五行"，《说文解字》对五的解释就是："五，五行也，从二，阴阳在天地间交午也。"这就有神秘色彩了。

汉语中凡是总称的、泛指的概念，往往就以"五"来搭配表示。比如地理的方位总称为"五方"，斑斓的色彩总称为"五彩"，能够供人果腹的粮食总称为"五谷"，水果统称"五果"，滋味统称"五味"，味道统称"五臭（嗅）"，人脸上的器官统称"五官"，胸腹内的器官则总称"五脏"，远祖的圣贤统称"五帝"，人们的亲属总称"五服"，做人的道理总称"五伦"，人生的礼仪总称"五礼"，音乐节律统称"五音"，打仗的兵器统称"五兵"。

"五"的这种象征性用法，在古代法律方面或许最为典型。据说从商周时期就有"五刑"的统称，泛指全部的刑罚种类，以后的书籍往往实指墨（毁容）、劓（割鼻）、刖（砍足）、宫（损坏生殖器官）、辟（砍头）这样五种刑罚。东汉及魏晋南北朝时期，复古之风大兴，传统的五刑及五的象征意义又成为统治者、立法者的兴趣所在。曹魏立律，把刑罚体系又统称为"五刑"，但仔细去区分，实际上并没有完整的五种主刑种类，使得后世的法制史学者大伤脑筋。后来隋文帝制定隋律，将法典的条文总数压缩到五百条，主刑为死、流、徒、杖、笞五种，笞、杖、徒各分为五等，而徒刑以象征多的"三"年为限，每半年为一等，徒一年至徒三年，正好五等。流刑为三等，最高为流三千里，自然也具有"多"和"远"的寓意在内。死刑为绞、斩两等，这或许是因为中国古代以生为阳，死为阴，死刑是阴刑，"二"又是最小的阴数，体现圣人"好生恶杀"的指导原则。这样一来，五刑正好为二十等。

唐朝建立后以隋文帝的律典为立律蓝本,也保留了对于"三"和"五"的兴趣。历史上一直称唐律为"五百条",从未有人对此表示疑义。但唐律的每一条开头都以"诸如如何如何"开头,仔细数一下,以"诸"开头的条文却是 502 条。这并不能因此就认为是历代的记载者全都搞错了,因为这些记载历史的人都清楚五百是一个象征圆满的吉祥数目,并不一定要求是一个确数。唐律的刑罚体系也是五刑二十等,尽管在"三流"之上又有"加役流",但并不影响五刑二十等体系的完整性。这个刑罚体系后来被宋元明清各代沿袭,虽然各代都补充了不少法定的刑罚种类,但在理论上都算是"闰刑",刑罚体系仍然号称是"五刑"。

　　五的倍数是"十",是两手满掌之数,因此也在很久以前就寓意"概括""完整""全部"。东汉字书《说文解字》对于"十"的解释也并非简单地从数字意义出发:"十,数之具也,一为东西,丨为南北,则四方中央备矣!"是从"十"字的字形来说明它所具有的象征性意义:概括而完备。

　　在长期流传的谚语中,"十"也是在这个象征意义上使用的。比如"一五一十"就有从头至尾、完整概括的意思。而"十足""十分""十全十美"之类的表达,更是耳熟能详的完满具足表达方式。而且"十"古代和"什"相通,把各类不同事物、不同式样搭配在一起成为一个整体,在汉语中就叫做"十锦"或"什锦",比如"什锦菜""十锦橱"等等。

　　鲁迅先生曾说中国古人好十成癖,就连重大罪名也要凑成十个。这确实不假,这就是著名的"十恶"。但是这"十恶"之"十"却也只是在象征意义上而言之,实际上并非是十种重罪的罪名。北齐律开始设"重罪十条":反逆、大逆、叛、降、恶逆、不道、不敬、不孝、不义、内乱,规定犯了这十条的罪犯一律不得被赦免,即使是贵族官僚犯了这十种罪,也不得享受免刑免罚的特权。后来隋文帝把它改为"十恶":谋反、谋大逆、谋叛、恶逆、不道、大不敬、不孝、不睦、不义、内乱。不过"十恶"实际上是十组重大犯罪,几乎每一恶都包含了几种单独的罪名,而用"十"来概括,是表示这些罪名是全律中最严重的犯罪。这十组罪名几乎毫无修改地一直沿用到清末。

实际上"好十成癖"的远远不止中国人,很多古代文明也都有类似的说法。最为著名的也许就是犹太教、基督教所奉行的"十诫"了。根据《旧约全书·出埃及记》,摩西率领犹太人逃离埃及、渡过红海后,在西奈山面受耶和华用手指刻在石碑上的十条戒律:(1)除了耶和华,不可有别的神。(2)不可雕刻事奉偶像。(3)不可妄称耶和华的名。(4)当记念安息日,守为圣日。(5)当孝敬父母。(6)不可杀人。(7)不可奸淫。(8)不可偷盗。(9)不可做假见证陷害人。(10)不可贪恋他人的房屋;也不可贪恋他人的妻子、仆婢、牛驴,并他一切所有的。

同样,产生于印度的佛教也有"十恶"之说:(1)杀生。(2)偷盗。(3)邪淫。(4)妄语。(5)两舌(离间)。(6)恶口。(7)绮语。(8)贪欲。(9)瞋恚。(10)邪见。

所有的这些"十诫"和"十恶"都具有法律意义,可见在法律文化中象征性数字的重要性。

四、神秘的"六"

中国古代的人们很早就注意到,上、下、前、后、左、右这六大方位"六合"足以用来表现并构建空间,因此逐渐形成对于"六"的迷恋。周人用蓍草卜卦时,将两根排成一行的短草读为"六",称为"阴爻"。而古人以为在"五行"中"水"为首,天干计数时,壬为阳性的水,癸为阴性的水,与地支一起计算时日,六十甲子有"六壬"(壬申、壬午、壬辰、壬寅、壬子、壬戌),也是占课的重要种类。

对"六"最迷恋的是秦始皇。《史记·秦始皇本纪》记载,秦始皇并吞六国后,根据五行之说,认为自己是以"水德"胜周之"火德",而"水数六",因此将"六"奉为一个神圣的数字,凡是法定的数字都以"六"为单位:"法冠皆六寸",马车的宽度一律为六尺,长度单位也是以每六尺为步(两足各向前跨一次),皇帝乘坐的马车要用六匹马来拉。在湖北云梦出土的秦代竹简中,保存有很多与"六"有关的秦律条文及其解释。比如计赃定罪以六百六十钱为重罪界限,财政官员工作出差错也以价值六百六十钱为界限,超过这个界限的就要处以重刑重罚。人们身高超过六尺,就要承担赋役;男子身高过了六尺,才可以结婚;身高过了六尺,才可以处刑。甚至对于在押罪犯再犯罪,也是以"系城旦春六岁(罚做六年筑城或春米苦工)"来处罚。

秦朝覆灭后,对"六"的迷恋仍然没有结束。儒家的很多经典也记载大量对"六"这个数字的崇拜。比如《周礼》一书所描绘的西周朝廷,就是以"六"组建的:天子以下执行政务的是天、地、春、夏、秋、冬这"六官"(也叫"六卿"),"六官"奉行的是治、教、礼、政、刑、事这"六典",教育民众的内容是孝、友、睦、姻、任、恤这"六行",天子直接指挥的军队有"六军",甚至天子与女人同居的寝宫也是"六宫",京城附近的地方划为"六乡",而外地则划为"六服",如此等等,不一而足。

以后的朝代开始将儒家的学说奉为官方哲学,自然也就传承了这种对"六"的迷恋。东汉时由皇帝亲信组成的尚书台执掌实际决策权力,就是分为"六曹"办事。这影响到了北朝以后各代中央政府的吏、户、礼、兵、刑、工"六部"。唐玄宗想搞政府的政务大全,指定要采用《周礼》的"六典"形式,形成《大唐六典》典章汇编。以后各地的地方政府也都是以"六曹"或"六房"办事,尽管实际上很多州县的办事部门不止六个,仍然统称为"六房"。

五、轮回的"十二"

由于一些特别的天文现象,比如月亮每十二次圆缺大致相当于一个太阳年,而天空中特别明亮的行星木星运行周期又大致相当于十二个太阳年。12的因数有六个:1、2、3、4、6、12,所以整除方便。

古代巴比伦人和古代中国人一样,将一年划分为十二个月,一天划分为十二个时辰(古巴比伦划分白天夜晚各十二小时)。古巴比伦人还将日月行经的天域(黄道带)划分为十二部分(黄道星座),分别以一种动物命名。而中国古人以"十二"为"地支"来计算年月日期,后来又有十二生肖。

古希伯来人将"十二"作为一个神秘的数字,比如古老的以色列人——希伯来人雅各布(亚伯拉罕之孙)有十二个儿子,他们后来成为以色列十二个分支的祖先;作燔祭要用公牛十二只、公羊十二只、一岁的公羊羔十二只,并同献的素祭作赎罪祭的公山羊十二只;以色列军事首脑约书亚在约旦建造了十二座墓碑;萨罗莫(以色列和犹太人的国王,约公元前965—公元前926年)的洗礼盒上有十二只铜牛;高级牧师胸前挂着嵌有十二颗宝石能保佑人的胸牌。

希腊人也很迷恋"十二"这个数字。希腊神话中,幸运之神朱庇特绕太阳一周需要十二年。于是古希腊人就将"十二"看成吉利、幸运之数,每隔十二年,朱庇特会给他们带来运气。而且从数学的角度来看,古希腊人认为人类有积极、平静、普通三种个性,存在于世的则有四种基本物质:水、土、气、火,十二是三乘以四的积,因此具有神圣性。

喜欢几何学的古希腊人还发现十二个球体包围一个同样直径球体的话,中间的这个球体可以为所围的十二个球体中的每一个触及。因此"十二"又被称为"吻数"。古希腊数学家欧几里德证明只存在五种正多面体,其中的十二面体最完美,后来,著名的哲学家柏拉图认为十二面体是神创造的宇宙本身的形状。

罗马帝国全盘沿袭了希腊文化,使得对神圣"十二"的迷恋扩散到环绕地中海的欧亚非广大地域。

基督教发源于犹太教,也承袭了古希伯来人对"十二"的迷恋。基督教《新约全书》中十二这个数字也频繁出现:耶稣有十二个门徒;耶稣救了十二岁的病孩、患了十二年血漏的病妇;耶稣以五鱼二饼给五千追随者做食物,"他们都吃,并且吃饱了。把剩下的零碎收拾起来,装满了十二个篮子"。为了救耶稣,上帝可以派"十二营天使"。《启示录》里说圣城"有高大的墙。有十二个门,门上有十二位天使。门上又写着以色列十二个支派的名字",有结十二样果子的"生命树"。

由于罗马帝国以及基督教的影响,欧洲文化中"十二"这个数字就一直带有神圣的含义。在英国,中世纪早期也有亚瑟王十二个忠勇的圆桌骑士的传说,后来英国司法制度中的陪审团就由十二个人组成，这经过发誓的十二个人的一致看法，被认为可以用来确认事实。英国的度量衡也以十二为单位，比如：一英尺＝十二英寸，一英磅＝十二盎司。18～19世纪时英国从一个小小的岛国扩张为号称"日不落"的殖民大帝国，十二人陪审团制度、十二进位的英式度量衡制也被带到了世界各地，至今还有其影响。

后记

本书带着诸位读者朋友在人类本能、情感、理性与法律、礼仪、规则等领域之间的漫游,到此就结束了。需要提醒读者朋友们注意的是,这次漫游只触及这些宏大的领域的极小的角落。我们的路径也是随机的,并没有严格按照一个循序渐进的导游手册来安排。

本书的主要目的也只是试图引起读者朋友们对这些领域发生兴趣。本书并没有任何终极的答案,有的只是引发进一步探索的问题。在这些无穷尽的领域的远方,我们的探索使得我们对于我们现在所处的社会的规范体系,包括法律、规则、礼仪等等,有更多的参考系,能够更深入地理解。

在经历了这次漫游后,衷心希望读者朋友们成为阅读的爱好者,无论在不久的将来,读者朋友们进入怎样的学校、怎样的专业深造,都能记得这次漫游带来的愉悦。

郭 建